高校教育教学改革与发展创新研究

夏文忠　夏树森 ◎ 著

中国商务出版社

·北京·

图书在版编目（CIP）数据

高校教育教学改革与发展创新研究 / 夏文忠，夏树森著. — 北京：中国商务出版社，2023.11

ISBN 978-7-5103-4816-7

Ⅰ．①高… Ⅱ．①夏… ②夏… Ⅲ．①高等教育—教育改革—研究—中国 Ⅳ．①G649.21

中国国家版本馆CIP数据核字(2023)第174563号

高校教育教学改革与发展创新研究

GAOXIAO JIAOYU JIAOXUE GAIGE YU FAZHAN CHUANGXIN YANJIU

夏文忠 夏树森 著

出　　　版：中国商务出版社

地　　　址：北京市东城区安外东后巷28号　　邮　编：100710

责任部门：发展事业部（010-64218072）

责任编辑：李鹏龙

直销客服：010-64515210

总 发 行：中国商务出版社发行部（010-64208388　64515150）

网购零售：中国商务出版社淘宝店（010-64286917）

网　　　址：http://www.cctpress.com

网　　　店：https://shop595663922.taobao.com

邮　　　箱：295402859@qq.com

排　　　版：北京宏进时代出版策划有限公司

印　　　刷：廊坊市广阳区九洲印刷厂

开　　　本：787毫米×1092毫米　　1/16

印　　　张：11.5　　　　　　　　　　　　字　数：218千字

版　　　次：2023年11月第1版　　　　　　印　次：2023年11月第1次印刷

书　　　号：ISBN 978-7-5103-4816-7

定　　　价：84.00元

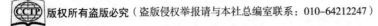

前　言

　　教学改革是我国当前高等院校教育改革的核心，教学改革必须以转变教育思想为先导，而转变传统教育的发展观、质量观将有利于教学改革的开展与深化。只有把现代教育思想落实在深化教学改革上，将科研与教学相结合，建立一套切合实际、有效可行的教学体系，才能培养出与时俱进的优秀人才。以学生为中心，以学生志趣为转移，不论实践环节、理论教学，还是对教师、教学的考核管理体制等多方位，多维度支持教学改革。从教师精讲到和学生互动，从考核内容到考核形式，从教室课堂到实验室，到网络，再到校外实训，提升教师自身教学能力和创新水平，充分改善学生的学习内容和学习方式，多维度培养大学生创新创业能力，适应新时代需求，全面进行培养过程改革。

目　录

第一章　高校教育教学理论

第一节　我国高等教育的发展及性质转变

高等教育的发展历史可以追溯到中世纪的大学，后来不断发展、不断转型，形成高等教育的三项职能，即培养专门人才、科学研究、服务社会。改革开放以来，我国高等教育事业获得了长足发展，改革取得了令人瞩目的成绩，初步形成了适应国民经济建设和社会发展需要的多种层次、多种形式、学科门类基本齐全的社会主义高等教育体系，为社会主义现代化建设培养了大批高级专门人才，在国家经济建设、科技进步和社会发展中发挥了重要作用。

一、我国高等教育近代化的历史进程及进程中的模式转换

我国高等教育近代化的历史进程及进程中的模式转换大致可分为三个时期。

第一个时期（1862—1894 年），甲午战争以前，中国近代高等教育处于醞酿时期。从 19 世纪 60 年代开始，出现了一批培养外语人才和军事技术人才的专门学校，它们不同于传统封建教育机构，不是培养能够成为各级封建官史的"治才"，而是培养通晓各国语言和技术（特别是军事技术）的所谓"艺才"。最典型的代表即 1862 年成立的京师同文馆和 1867 年创办的福建船政学堂。至 1894 年前后，我国共创办此类学堂 30 多所。

第二个时期（1895—1911 年），19 世纪末 20 世纪初，是中国近代高等教育发展的重要时期。1895 年、1896 年、1897 年和 1898 年分别成立的天津中西学堂、上海南洋公学、浙江求是书院和京师大学堂，一般被认为是中国近代大学的维形。20世纪初，清政府颁布了第一部包括高等教育在内的具有近代意义的全国性学制——《癸卯学制》。

第三个时期（1912—1927 年），1912 年的辛亥革命推翻了清王朝的统治，结束

了两千多年的封建帝制，为中国近代高等教育的发展提供了一个相对宽松的环境。1912年至1927年的16年间，可以说是中国高等教育发展模式的多元化时期。1912年，在蔡元培主持下所进行的教育改革形成的新学制《王子癸丑学制》，对清末颁布的《癸卯学制》中有关高等教育的内容做了相应的改革。其间，教育部陆续公布了《大学令》《大学规程》《专门学校令》《公立、私立专门学校规程》和《高等师范学校规程》等一系列有关高等教育的法规法令。众所周知，作为当时教育改革的总设计师，蔡元培非常关心高等教育，《大学令》就是由他亲手制定的。直到1917年蔡元培出任北京大学校长之后，他的高等教育的理念——学术自由和教授治校，才部分地在他所主持的北京大学付诸实施。就在蔡元培以德国高等教育为模式对北京大学进行深刻改造的同时，另一所国立大学——在南京高等师范学校基础上发展而来的东南大学迅速崛起。至20世纪20年代中期，浙江大学和东南大学影响日广，与北京大学形成南北呼应、交相辉映。

高等教育作为人类所创造的知识和文化的重要传播场所，作为高级专门人才的培养基地，有其自身发展的内在规律。高等教育的发展，既要受处于不同经济发展阶段、不同政治文化背景的各个国家和地区的具体国情所制约，也要受高等教育本身的发展规律所制约。从一定意义上可以说，一个世纪以来，中国高等教育发展模式的转换就是在如何认识和正确处理这一对矛盾的过程中艰难推进的，既不能以强调本国情形的特殊性为由而拒绝遵循高等教育发展的一般规律，也不能以标榜追赶世界潮流为借口而置本国国情于不顾，这是我们回顾和总结这段历史所应深刻吸取的经验教训。

二、我国高等教育目标和性质的转变

1894年至1911年的18年间，是中国近代高等教育的起步时期。19世纪末创办的天津中西学堂、上海南洋公学、浙江求是书院和京师大学堂是近代大学的维形。1904年颁布的《癸卯学制》中有《奏定大学堂章程》《奏定高等学堂章程》和《奏定农工商实业学堂章程》。在这些章程中，关于办学理念和培养目标，有了新的表述：大学堂"以谨遵谕旨，端正趋向，造就通才为宗旨，以各项学术艺能之人才，足供任用为成效"。通儒院（即研究生院）"以中国学术日有进步、能发明新理以著成书、能制造新器以利民用为成效"。从前一个时期的培养"艺才""专才"，到这一时期的提出"通才"，从字面上看，似乎又回到了传统的人才观，因为中国的传统教育也强调"通才"，即所谓"一物不知，儒者之耻"。但是，这里的"通才"是以掌握"各项学术艺能"为前提的，不仅与封建教育的理想人格"通才"在内涵上有所不同，而且这种目标的提出本身提升了"艺才"与"专才"的地位。从一定意义上可以说，与之前相比，这一时期较多地接纳了西方高等教育的理念。当然，这种"通才"仍必须"谨遵谕旨""以忠孝为本，以中国经史之学为基"。在这里，中国传统高等教育的影响依然十分强大。这是因为，虽然科举制度在1905年已被废除，但是科举制度赐予出身的陋习仍然被保留了下来，秀才、举人、进士的头衔还十分具有吸引力，更重要的是封建专制制度的政治框架还在起着支撑作用，社会主流价值观的变革终究需要以经济基础和政治制度的变革为前提。与此相适应，在这十几年间，高等教育在课程体系、教学内容和方法上发生了较大的变化，最明显的表征是西方近代社会科学的各个门类被大量引进高等教育的课堂，政治学、法学、教育学、哲学、心理学、经济学等社会科学被作为大学或高等学堂的教学内容的教科书大量出版。民国初年，资产阶级革命派和激进的民主主义者从根本上否定了"中体西用"这一直接支配高等教育培养目标的文化观念，提出要用"民主共和"和"科学民主"的精神来改造中国传统的封建主义文化，这为高等教育培养目标的进一步发展及演变提供了思想基础。

从1912年至1949年的近40年间，当时的政府制定颁布过几部重要的关于高等教育的法令、规程。就培养目标而言，从法律条文上看，最大的变化在于取消了封建社会高等教育的政治方向。1912年的《专门学校令》提出，专门学校以教授高等学术、培养专门人才为宗旨。同年颁布的《大学令》规定，大学以教授高深学术、培养硕学闳才、应国家需要为宗旨。这里强调的是高深学术，是培养"硕学闳才"和"专门人才"。高等教育领域中大学和专门学校的区分标准是"学"与"术"，前者重在学术研究，后者重在应用技术。政治上、思想上的限制与要求，即所谓"忠君""尊孔"，在培养目标中被取消了，特别在民国前期，由于蔡元培的努力和他广泛的社会影响，中国近代高等教育得以在教育理念上有了一次大的飞跃。正如有些研究者所指出的："只有在这一时期，中国才真正开始致力于建立一种具有自治权力和学术自由精神的现代大学。"西方高等教育理念的核心，即学术自由和大学自治的观念，通过蔡元培的理论倡导和身体力行，第一次较全面地被国人所认识和接受。蔡元培在对北京大学的改造中，反复强调学术自由、兼容并包的办学方针。从一定意义上可以说，正是通过蔡元培在北京大学的努力，才使中国高等教育在教育理念和培养目标上，从根本上动摇了以培养"内圣外王"的"贤士""君子""循吏"为目标的主流传统。在这里要强调说明的是，蔡元培在宣传、倡导西方大学理念的同时，也充分利用了中国封建社会高等教育的非主流传统，即弘扬古代书院浓厚的学术氛围、师生间砥砺德行互相变换的融洽之情以及相对的独立地位等。

在课程体系和教学内容方面，民国时期与清末相比较，最大的变化是废除了反映封建传统文化的科目，增加了大量新学科，在人文社会科学方面如此，在自然科学和技术科学方面更是如此。据统计，1919 年《大学规程》中所开列的课程科目总数比清末《癸卯学制》所规定的多 300 多门；专科学校课程也比清末相应学堂科目增加了 1~2 倍。蔡元培主持下的北京大学于 20 世纪 20 年代开设的课程中，有许多在欧美一些著名大学中也是刚刚开设。

中华人民共和国成立后，关于高等教育培养目标的明确表述，最早见之于政府法规文献的是 1950 年 7 月政务院批准的《高等学校暂行规程》，其中规定："中华人民共和国高等学校的宗旨为根据中国人民政治协商会议共同纲领第五章的规定，以理论与实际一致的教育方法，培养具有高级文化水平、掌握现代科学和技术的成就，全心全意为人民服务的建设人才。"在这里，除去头、尾两处有关政治方向的要求之外，其核心内容是培养具有高级文化水平、掌握现代科学和技术成就的建设人才。与民国时期高等教育的培养目标相比较，在政治上提出不同的要求是十分自然的。应该说，作为高等教育的特点还是体现了出来，"高级建设人才"的提法涵盖了学术人才与专门技术人才。当然，由于特定的国际国内环境，所谓学术自由、大学自治等，在刚刚取得政权的社会条件下，是不会受到关注的。相反，对大学中旧知识分子的改造很快就提上了议事日程。在课程体系方面，构建了以马克思主义理论著作为基础的新的课程体系，进一步发展的则是借用苏联的课程体系。

1961 年，《中华人民共和国教育部直属高等学校暂行工作条例（草案）》（以下简称《高教六十条》）颁布，对高等学校的培养目标做了前所未有的详细规定："高等学校学生的培养目标是具有爱国主义和国际主义精神，具有共产主义道德品质，拥护共产党的领导，拥护社会主义，愿为社会主义事业服务、为人民服务；通过马克思列宁主义、毛泽东著作的学习和一定的生产劳动、实际工作的锻炼，逐步树立无产阶级的阶级观点、劳动观点、群众观点、辩证唯物主义观点；掌握本专业所需要的基础理论、专业知识和实际技能，尽可能了解本专业范围内科学的新发展；具有健全的体魄。"可以说，这是近代以来关于高等教育培养目标字数最多的一次表述。

1978 年教育部对 1961 年颁布的《高教六十条》略做修改引发全国高校组织讨论，其中关于高等教育的培养目标完全是原来的表述。这说明了在改革开放初期，注重专业知识的问题已被提到了议事日程上。1980 年 2 月，全国人大颁布了《中华人民共和国学位条例》，其中规定对在高等学校和科研机构的毕业生和科研人员经过严格考核，分别授予学士、硕士和博士学位，其目的是促进科学专门人才的成长，促进各门学科学术水平的提高与教育和科学事业的发展。

1985 年 5 月，中共中央颁布了《关于教育体制改革的决定》（以下简称《决定》）。《决定》指出："高等学校担负着培养高级专门人才和发展科学技术文化的重大任务。"这是中华人民共和国成立以来，第一次如此明确地把高等教育的任务归结为培养高级专门人才和发展科学技术文化。这次会议的另一项与高等教育理念有关的重大决定是，明确提出要扩大高等学校的办学自主权，"使高等学校具有主动适应经济和社会发展需要的积极性和能力"。可以说，《决定》给予了我国高等学校自中华人民共和国成立以来从未有过的自主权。此外，《决定》还强调高等学校是教学、科研中心，而不是像苏联模式那样，要么负责教学，要么负责专业培训和改革教学内容、教学方法、教学制度以及提高教学质量，开展教学改革试验，改变专业过窄的状况，增加选修课，实行学分制和双学位制等，努力借鉴和移植先进国家高等教育的课程体系和教学内容。

进入 20 世纪 90 年代，随着改革开放的深入和经济体制的转变，中国高等教育的发展进入一个新的历史时期。1994 年 7 月，国务院颁发《关于中国教育改革和发展纲要的实施意见》，提出要进一步发挥高等学校在国家科学技术工作中的重要作用，实施"211"工程，面向 21 世纪，重点建设 100 所左右的高等学校和一批重点学科。1998 年 8 月，全国人大制定并颁布了《中华人民共和国高等教育法》，规定"高等教育的任务是培养具有创新精神和实践能力的高级专门人才，发展科学技术文化，促进社会主义现代化建设""高等学校应当面向社会，依法自主办学，实行民主管理"。这是中华人民共和国成立 50 年来制定颁布的第一部高等教育法，它突出强调了培养高级专门人才和办学自主权，全面肯定了改革开放以来我国在高等教育办学理念、培养目标、管理体制等方面所取得的共识。与此同时，随着经济的发展和人民群众接受高等教育需求的不断增长，西方发达国家高等教育大众化的理念正在日益被人们所接受，并逐渐转化为政府的教育政策，中国高等教育面向社会精英阶层的传统正在成为历史。可以说，中国近代高等教育在经历了整整一个世纪的曲折之后，终于有了明确的，与世界高等教育发展同步的理念、目标与方向。

三、我国高等教育的类型

国家教育发展研究中心将我国高等教育分为以下四种类型。

（一）研究型大学

研究型大学明显特征是学科综合性强，每年授予的博士学位数量多，培养的人才层次为本科及本科以上学历，满足的是对高层次研究型人才和研究型成果的需求，研究生至少占到 20%~25%，每所学校每年授予博士学位的数量至少为 50 个。

（二）教学研究型大学

教学研究型大学的教学层次以本科生、硕士生为主，个别行业性较强的专业可招收部分博士生，但不培养专科生。

（三）教学型本科院校

教学型本科院校的主体是本科生的教学，特殊情况下有少量的研究生或专科生。

（四）高等专科学校和高等职业学校

高等专科学校和高等职业学校体现了高等教育在学校、专业设置上最为灵活的部分，主要是为了满足当地经济建设及社会发展的需要

第二节　现代教育理念

一、现代教育理念的内涵

"教育要面向现代化，面向世界，面向未来"，这是邓小平同志 1983 年 10 月 1 日为北京景山学校的题词。题词发表后，迅速被各大媒体所转载，在全国上下引起了巨大的反响，并由此拉开了教育界改革的序幕。教育必须为社会主义现代化建设服务，社会主义现代化建设必须依靠教育。这是邓小平关于教育要"三个面向"思想的基本要求。因此，现代教育要适应政治、经济、文化的飞速发展，必须以更加创新与完善的理念引导现代教育的改革。综合起来，现代教育理念大致可以归类为以下几个方面。

（一）以人为本的理念

21 世纪的今天，社会已经由重视科学技术为主发展到以人为本的时代，教育作为培养社会所需要的人才来促进经济社会发展的事业，更应当体现以人为本的时代

精神。因此，现代教育强调以人为本，把重视人理解人、尊重人、爱护人、提升和发展人的精神贯穿教育教学的全过程、全方位，它更关注人的现实需要和未来发展方面，注重挖掘人的潜能，重视人自身的价值的实现，从而不断提高人的生存和发展能力，促进人自身的发展与完善。

（二）全面发展的理念

促进人的自由全面发展是现代教育的宗旨，因此它更关注人的发展的完整性、全面性。宏观上表现在，它是面向全体公民的国民性教育，注重民族整体的全面发展，以大力提高和发展全民族的思想道德素质和科学文化素质，提高民族的知识创新和技术创新能力，增强包括民族凝聚力在内的综合国力为根本目标；表现在微观上，它以促进每一个学生在德、智、体、美、劳等方面的全面发展与完善，以造就全面发展的人才为己任。这就要求人们在教育观念上实现由精英教育向大众教育、由专业性教育向通识性教育的转变，在教育方法上采取德、智、体、美、劳等多育并举、整体育人的教育方略。

（三）素质教育的理念

现代教育更注重教育过程中知识向能力的转化工作及其内化为人们的良好素质，强调知识、能力与素质在人才整体结构中的相互作用、辩证统一与和谐发展。针对传统教育重知识传递、轻实践能力，重考试分数、轻综合素质等弊端，现代教育更加强调学生实践能力的锻造，全面素质的培养和训练，主张能力与素质是比知识更重要、更稳定、更持久的要素，把学生综合素质的培养与提高作为教育教学的中心工作来抓，以帮助学生学会学习和强化素质为基寸。教育目标，旨在全面开发学生的诸种素质潜能，使知识、能力、素质和谐发展，以提高人的整体发展水平。

（四）创造性理念

传统教育向现代教育的重要转型之一，就是实现由知识性教育向创造力教育转变。因为知识经济更加彰显了人的创造性作用，人的创造力潜能成为最具有价值的不竭资源。现代教育认为，教育教学是一个具有高度创造性特点的过程，以启发、点拨、开发、引导、训练学生的创造力才能作为其基本目标。主张以更新颖的教学手段和美好的教学艺术来创造出教育教学环境，从而更好地培养创造性人才。现代教育主张，完整的创造力教育是由创新教育（旨在培养学生的创新精神、创新能力与创新人格）与创业教育（旨在培养学生的创业精神、创业能力与创业人格）二者结合而形成的生态链构成。因此，加强创新教育与创业教育并促进二者的结合与融合，培养创新型、创业型、复合型人才成为现代教育的基本目标。

（五）开放性理念

当今时代是一个开放的时代，科学技术的快速发展，经济的逐步全球化使世界成为一个紧密联系的地球村。以前的教育格局将被打破，取代它的是一种全方位开放的新型教育。这种新型教育包括教育方式的开放性、教育过程的开放性、教育观念的开放性、教育目标的开放性、教育评价的开放性、教育内容的开放性等。

（六）多样化理念

现代社会是一个日益多样化的时代，随着社会结构的高度分化，社会生活的日益复杂和多变以及人们价值取向的多元化，教育也呈现出多样化发展的态势。这首先表现在教育需求多样化，为适应经济社会发展的要求，人才的规格、标准必然要求多样化。其次，表现在办学主体多样化、教育目标多样化、管理体制多样化。最后，表现在灵活多样的教育形式、教育手段，衡量教育及人才质量的标准多样化等。这些都对教育教学过程的设计与管理提出了更高的要求与挑战，它要求根据不同层次、不同类型、不同管理体制的教育机构与部门进行柔性设计与管理，它更推崇符合教育教学实践的弹性教学与弹性管理体系，主张为教育事业的发展提供更加宽松的社会政策法规体系与舆论氛围，以促进教育事业的繁荣与发展。

（七）生态和谐理念

自然物的生长需要良好的自然生态环境，人才的健康成长同样需要宽松和谐的社会生态环境的滋润。现代教育主张把教育活动看作一个有机整体，这个整体不但包括教育活动的老师、课堂、学生、教育、实践、内容与方法诸要素的融洽与和谐统一，也包括教育活动与整个文化氛围和环境设施的和谐统一，把融洽、和谐的精神贯穿教育的每一个有机的要素和环节，最终形成统一的教育生态链整体。

（八）系统性理念

随着知识经济的来临以及学习化社会的到来，终身教育成为现实。教育成为伴随人一生的最重要的活动之一。因而，教育不再仅仅是学校单方面的事情，也不仅仅是个人成长的事情，而是社会进步与发展的大事，是整个国民素质普遍提高的事情，是关乎精神文明建设及两个文明协调发展的全局性、战略性大业，它是一项由诸多要素组成的复杂的社会系统工程，涉及许多行业和部门，所以需要全社会普遍参与、共同努力才能做好。所以，与传统教育不同，转型时期我国正在形成的是一种社会大教育体系，它需要在系统工程的理念指导下进行统一规划、设计和一体化运作，以培养人们的学习能力，提升人们的生存和发展能力为目标，以实现社会系统内部各环节、各部门的协调运作、整体联动为基础，把健全教育社会化网络作为构成教育环境的中心工作来抓，促进大教育系统工程的良性运行与有序发展，以满足学习化社会对教育发展的迫切要求。

二、高校现代教育理念

（一）高校教育理念的概念

我国学界对教育理念问题的关注和研究，始于 21 世纪之初的基础教育新课程改革。新课程从教学目标的确立到教学内容的编排，再到教学方式的设计，都与传统课程有着根本的不同。教师要想适应新课程的教学工作，首先必须转变教育思想和观念。其后，教育理念研究逐渐从基础教育领域进入高校教育领域。从已有教育理念的研究成果来看，其概念界定比较有代表性的观点如下：有学者从教学理性认识的角度出发认为，教育理念是从先进的教育理论中演绎出来的有关教学活动的理性认识，是"教学应该怎样、为什么需要如此"的理想化认识，体现了教师对教学实践的价值期待及理想追求。有学者从现实与超越的视角指出，教育理念不仅包括教师对教学问题的现实性认识，也包括教师对教学问题的前瞻性价值判断与结果选择。有学者主张从教学规律的角度解读教育理念，指出教育理念是教师对教学与学习活动内在规律的认识，是教师对教学活动的看法以及所持有的基本态度与观念。有学者从大学教师的维度指出，教育理念是指大学教师头脑中观念性地存在着的，关于学科教学和学生智慧发展等方面理论与信念的综合体，是指导教师教学实践活动的理论基础。有学者从融合与统一的视角指出，教育理念就是教学理念和教学理想的一种融合，是主观和客观的一种融合，是认识和信念的一种融合，是思想和行为的一种融合，是事实判断和价值判断的一种融合。有学者则从教学思维和教学价值观的角度出发指出，教育理念是关于教学的根本看法与思想，是教师对教学问题进行思维所获得的结果。综上所述，学者们对教育理念概念的解读和界定，虽然存在着认识视角和侧重点的不同，但也反映了一些共同特点，即都主张把教育理念理解为教师对教学所做出的主观认识和价值判断，是教师对教学所表现出的态度与信念、期待与追求，是教师对教学所持有的思想与观念。

基于上述分析，笔者认为高校教育理念是高校教师在长期教学理论学习与教学实践反思基础上创造生成的对教学活动价值及其本质规律的认识和判断。从本质上来说，教育理念体现了高校教师对"教学究竟是什么"以及"教学到底能够做什么"的理性思考，深刻反映了教师对教学的应然状态以及教学的理想状态的憧憬和向往，因而表现为一种指向教学实践活动未来的精神范式和理性品格。高校教育理念不同于教育观念，教育观念或者是以"非系统化"的方式呈现关于教学实践的感性认识，或者是以"意识形态"的方式呈现关于教学实践的理性认识，具有强烈的现实性色彩。另外，高校教育理念也不同于教学理想，教学理想是教师对未来教学实践发展趋势的把握、想象和憧憬，它不仅具有鲜明的情感性特点，而且具有极为突出的信念性特征。高校教育理念处于教育观念和教学理想的联结点与关键点的位置，较之教学观念，它往往弱化了现实性而更具信念性；较之教学理想，它往往弱化了信念性而更具现实性。教育理念在高校教师的教学实践活动中发挥着方向性和主导性的价值作用，是更新教师教学行为的先导和灵魂。教育理念渗透和融入高校教师的教学过程之中，不仅可以影响教师对教学内容的讲解、对教学方法的运用以及对教学进程的调控，而且可以影响高校教师的教学态度及其对教学认知、情感和行为的投入程度，因而是高校教师教学成功的最深层支撑力量。

（二）高校教育理念变革的趋势

进入 21 世纪以来，随着我国高等教育大众化进程的不断推进，高等教育条件保障机制等方面遇到了难以预料的困难，由此引发的人才培养质量争议成为高等教育的热门话题。政府和高等学校回应这种社会争议的积极举动就是实施"高等学校教学质量与教学改革工程"，试图既改善高等教育的条件保障状况，又注重将物化的环境与条件转化为人才培养所必要的制度建设，不断推进教育理念创新。

1. 全面落实科学发展观

科学发展观的第一要义就是发展，包括高等教育的发展和人的发展。围绕以人为本这个核心，人才培养工作必须是全面协调可持续发展的，这也是终身教育和学习化社会思想的基本要求。贯彻党的教育方针，推进素质教育，坚持"巩固、深化、提高、发展"的方针，遵循高等教育的基本规律，牢固树立人才培养是高等学校的根本任务、质量是高等学校的生命线、教学是高等学校的中心工作等都属于新的高等教育理念。

2. 建立健全大教育观

具体表现在优质高等教育资源共享上，通过新教材和立体化教材建设、网络教育资源开发和共享平台建设，建设面向全国高等学校的精品课程和立体化教材的数字化资源中心，建成一批具有示范作用和服务功能的数字化学习中心，完善服务终身学习的支持服务体系，提升我国高等教育的质量和整体实力。这需要充分考虑提高教学质量的系统性和复杂性，确定一些具有基础性、全局性、引导性的改革突破口，引导高等学校教育教学改革的方向，实现高等教育规模、结构、质量和效益协调发展。同时，需要调动政府、学校和社会各方面的力量，将发展高等教育的积极性引导到提高质量上来，充分利用各方面力量支持高等学校的发展，切实解决高等学校在提高质量方面的实际问题，为高等学校办学创造良好的外部环境。

3. 不断鼓励和引导丰富多彩的高等学校教学创新

高等学校教学创新与高等教育质量提高是一对永恒的话题。总体而言，我国高等学校教学创新在实践活动上可谓阵容庞大、气势恢宏，但在形式和内容上出彩不多。因此，在教学制度创新方面，要继续建立和完善教学评估制度、专业认证制度、高等学校基本状态、数据发布制度等；在教学活动创新方面，不仅要落实"教授、名师要上课堂"，还要努力建设高等水平教学团队。同时，应继续突出学生的主体地位，不断加大学生选课、选专业余地，通过学分制使学生学习的自主性、自我责任心进一步增强。另外，还应通过各级各类大规模、高强度的教学研究与教学改革立项和成果奖励，推动教学方法改革创新的激励机制，根本改变教学方法改革创新零散、自发、孤立、短效的局面。

第二章　高校教育教学的基本原则

第一节　高校教学原则

从我国新时代高校教学的视野出发，对科学性与思想性相结合原则、启发性与创新性相结合原则、专业性与综合性相结合原则、理论与实际相结合原则、教学与科研相结合原则等高校的几个基本教学原则做探讨，彰显出高校教师做好教学工作的一些新意蕴。

高校教学原则，是指高等学校教师从事教学工作必须遵循的基本要求。它是根据高等教育目的、任务和教学规律提出的，是高校教学实践经验的概括和总结。

我国高校的教学原则，是根据我国的教育方针、高等教育的任务和高校的教学规律，批判地继承了古今中外的高等教育遗产，特别是在总结了我国社会主义高校教学实践经验的基础上提出的，对我国高校教学实践具有积极的指导作用。高校教师正确贯彻教学原则，是全面完成高校教学任务，提高教学水平和教学质量的重要保证。

高校的教学规律是客观存在于高校教学过程之中内部诸要素的本质性联系。高校教学规律的作用一般是通过教学原则对教学现象与本质的解释来体现的，而高校教学原则是高校教学过程客观规律的反映，它是人们在认识高校教学规律的基础上，根据一定社会的教育目的和高校的教学任务，经过一定的理论加工而提出的高校教学工作的基本要求。高校教学的基本规律，主要有：专才教育与通才教育统一规律、间接经验与直接经验统一规律、掌握知识与发展能力统一规律（教学的发展性规律）、传授知识与思想教育统一规律（教学的教育性规律）、教师主导作用与学生主体作用统一规律等。

目前，在我国《高等教育学》中关于教学原则的名称、数目及其体系，还没有完全统一的意见。不过，在我国高校教学工作中具有广泛指导意义的、确实被公认的和体现时代性的教学原则，我们认为主要是：科学性与思想性相结合原则、启发性与创新性相结合原则、专业性与综合性相结合原则、理论与实际相结合原则、教学与科研相结合原则等。本节试图从我国新时代高校教学的视野出发对这几个教学原则做些探讨。

一、科学性与思想性相结合原则

科学性与思想性相结合原则，是指我国高校教学要以马克思主义为指导，坚持社会主义人才培养方向，向学生传授科学知识，并结合知识教学对学生进行德育（思想政治道德教育），以完成立德树人的根本任务。

我国高校教学的科学性与思想性是辩证统一的。高校教学的科学性是思想性的基础，思想性是科学性的内在属性和重要保证。这一原则是高校教学的教育性规律的充分反映，是高校培养"德、智、体、美等方面全面发展的社会主义建设者和接班人"的必然要求，使高校"立德树人"的根本任务得以落实，体现了中国特色社会主义高校教学的根本方向和特点。

贯彻科学性与思想性相结合原则的基本要求包括以下几个方面。

（一）高校教学要确保科学性，向学生传授知识

高校教学的科学性，是高校教师向学生"传道授业解惑"的知识内容必须是科学的、正确无误的。为了便于学生理解教材知识，教师授课力求通俗易懂、生动形象，打比方、举例子、看视频，或者为了开阔学生学习眼界，向他们介绍不同的学说和观点等都是需要的，但要保证科学性，不要庸俗化、低俗化和极端化，更不能有违背国家宪法和法律的言行，不能向学生传播错误的思想观点、内容。此外，教师一旦发现自己的授课内容中有错误，就要及时纠正。

（二）高校教学要贯穿思想性，对学生进行德育

高校教学的思想性，是高校教学中内在的能够对学生思想政治道德品质产生影响的特性。整个教学中教师要根据不同学科课程的特点对学生进行德育，充分发挥高校教学"立德树人"的教育性作用。从内容上看，一是理想信念教育，包括马克思列宁主义、毛泽东思想、习近平新时代中国特色社会主义思想等方面教育。二是社会主义核心价值观教育，引导学生树立正确的世界观、人生观和价值观。其中，高校教学要引导学生将牢牢把握"富强、民主、文明、和谐"作为国家层面的价值目标，将深刻理解"自由、平等、公正、法治"作为社会层面的价值取向，将自觉遵守"爱国、敬业、诚信、友善"作为公民层面的价值准则，将社会主义核心价值

观内化于心、外化于行。三是中华优秀传统文化、革命文化和社会主义先进文化教育，弘扬民族精神和时代精神。从形式上看，一是高校思想政治理论类课程教学，要充分释放对学生直接进行德育的强大作用，让学生坚定马列主义和毛泽东思想信仰，用习近平新时代中国特色社会主义思想武装头脑。二是高校其他人文社会科学、自然科学类等课程教学，要积极挖掘不同学科教材的思想性，在教学中对学生渗透德育。例如，文学、历史学、艺术学等学科类课程教学，要充分利用其蕴含丰富的德育因素（如"爱国、敬业、诚信、友善"等），潜移默化地对学生进行德育；理学、工学、农学、医学等学科类课程教学，要强化对学生进行爱国主义情感、科学精神和科学态度等方面培养，促进学生树立勇于创新、求真求实的思想品质，以达成"课程思政"目标。

（三）高校教师要不断提高自身的专业水平和思想修养

高校教师要不断钻研业务，不断提高自己的专业水平（如专业知识、能力等水平），养成严谨治学的科学态度，形成科学的世界观和方法论，并运用于把握教材内容中，指导教学实践。同时，高校教师要以德立身、以德立学、以德施教，不断提高自己的思想道德修养，充分利用自己对学生潜移默化的影响，结合所教学科的特点创造性地对学生进行思想政治道德教育。只有这样，才能保证高校教学的科学性与思想性的统一。

二、启发性与创新性相结合原则

启发性与创新性相结合原则，是指高校教学要充分发挥教师主导作用和学生主体作用，"注重学思结合"，调动学生学习的主动性、积极性，激发学生的积极思维、创新思维，促进学生在融会贯通地掌握知识的同时，培养其创新精神和创新能力。

高校教学坚持启发性与创新性相结合原则，目的是为国家"培养具有社会责任感、创新精神和实践能力的高级专门人才"。

贯彻启发性与创新性相结合原则的基本要求包括以下几个方面。

（一）高校教学要调动学生学习的主动积极性

高校教学中，教师要充分调动学生学习的主动积极性，包括调动学生的学习动机、兴趣等。这是学生学习的内在动力，是学生学习主体作用发挥的首要条件。同时，针对部分学生学习目的不明确和责任感不强的问题，教师还应对学生的学习目的、态度等方面进行启发引导教育，以增强学生学习的责任感和使命感。

（二）高校教学要激发学生的积极、创新思维

孔子说"不愤不启，不悱不发。"启发的关键在于创设一种问题情境。所谓问题情境是指"一种具有一定困难，需要学生努力克服（寻找达到目标的途径），而又是力所能及的学习情境（学习任务）"。学生的积极思维和创新思维常常是由问题情境而引起的。高校教师要根据课程的教材特点和学生的学习实际，在教学过程的各个环节，就要考虑如何从教学的重点、难点来创设问题情境，以激发学生的积极思维和创新思维，并采取具体的措施来实现。例如，教师授课时要启发学生敢于对某些已知事物产生怀疑而再思考；敢于否定某些自己一向认为"是"的事物，通过再认识，发现其中的"非"；能进行"由此及彼"的思考，朝着前向、逆向、纵向、横向的发散思维；发扬教学民主，开展课堂讨论，鼓励学生各抒己见；实验（实训）中引导学生创造性的设计、报告等。这样进行教学，有利于培养学生的创新精神和创新能力。

高校教学的启发性、创新性要以学生掌握知识为基础，并同发展学生学习的认知能力（如观察、记忆、思维、想象等能力）、探索能力和实践能力等方面的结合。同时，教学要"注重因材施教"，关注学生不同的特点和个性差异，发展每个学生的优势潜能和创新能力。

教学要有创新性，就需要教师有创新意识。对此，李培根说严复有一段话"其于为学也，中国夸多识，而西人尊新知"。意思是中国人认为懂得的东西越多越好，学到的东西越多越好，而西方人尊崇新知，即新的发现、创造或创新。今天我国政府和大学都很强调创新，但大学教师做研究真正凭好奇心驱动的很少，而好奇心更能驱动创新。另外，李培根认为"创新教育不是奢侈品"。创新教育不只是重点大学的事情，也是高职、中专、技校的事情，它们也有能力培养学生的创新技能。同样，创新教育不只是优秀学生的事情，每一个大学生都有创新潜能，只不过很多学生的潜能还没有发挥出来罢了。

三、专业性与综合性相结合原则

专业性与综合性相结合原则，是指高校在实施专业教育的教学过程中进行综合化教育。这是一条反映高等教育本质特性的教学原则。

高等教育是一种专业教育，以培养学生将来从事某种专业（行业）工作为目的，也就是为社会培养各级各类的高级专门人才。

当前我国高校实施的专业教育，是根据学科领域（如本科教育 12 个学科门类、

高职教育 19 个专业大类）和社会行业（职业）部门的分类而设置专业，其教学组织单位为院（系）等。高校的教学过程主要是围绕着专业而展开的，并且随着学生年级的提高，教学过程中的专业理论知识的传授和专业技能的训练所占的比重也越来越大。

高校实施的专业教育，是现代科学发展高度分化和社会分工的产物。同时，要看到科学发展的高度综合和社会分工的整合趋势，对高校人才培养提出了综合化的实然要求。相应要求高校教学的专业性和综合性的结合，为社会培养专业知识扎实、综合素质高、实践能力强的高级专门人才，这也是高校教学"专才教育与通才教育统一规律"的集中体现。

贯彻专业性与综合性相结合原则的基本要求包括以下几个方面。

（一）高校教学要扎实进行专业教育

我国高等教育（学历教育）应当符合的学业标准是：第一，专科教育应当使学生掌握本专业必备的基础理论、专门知识，具有从事本专业实际工作的基本技能和初步能力。第二，本科教育应当使学生比较系统地掌握本学科、专业必需的基础理论、基本知识，掌握本专业必要的基本技能、方法和相关知识，具有从事本专业实际工作和研究工作的初步能力。高校本科、专科（高职）的各种专业培养方案（教学计划）、各门课程和各个教学环节，都要根据上述标准扎实地进行专业教育，提高专业人才培养质量。

（二）高校教学要适切进行综合化教育

我国高校教学在专业教育中进行的综合化教育，可分为两大类型：一是通识课程贯穿于大学生的四年或三年学业之中进行的。二是通识课程集中于大学生的一、二年级学业之中进行。从中培养大学生的人文、科学（科技）等方面的综合素质，也提升了大学生专业学习的基础水平。还有的高校是按学科大类进行的综合化（复合型）教育，即某一学科门类的综合化教学。

当前，值得审视的是我国部分高校教学在推进综合化教育中，存在着学科专业教育及优势被弱化的突出问题。对此，我们很需要回归大学之道——遵循高等教育的人才培养规律，大力重塑高校的学科专业教育，也就是高校教学在以实施学科专业教育为主的同时，适切地进行综合化教育。

例如，我国首批"双一流"高校的建设，必然是建立在一流学科的基础上的。这个"双一流"，无论是一流高校还是一流学科，都突出了学科建设的要求。即便是"双一流"大学，也都需要落实具体重点建设学科。这些本质上都在引导高校分析自己的优势与特色，而不是什么专业学科都去做、都去建设，这显然是对过度综合化的一次调整，是一次对高校的重新塑型。

四、理论与实际相结合原则

理论与实际相结合原则，是指高校理论知识教学要联系实际进行，"注重知行统一"，引导学生从中去理解和运用知识，从而学以致用和培养实践能力。

理论与实际相结合原则，反映了我国高等教育目的（方针）的要求和教学的间接经验与直接经验统一规律。学生学习的理论知识，主要是间接经验、书本知识，是人类的已知真理。这就要求教学注意理论联系实际，防止理论与实际脱节。

贯彻理论与实际相结合原则的基本要求包括以下几个方面。

（一）高校教学要联系实际传授理论知识

高校教师在传授理论知识时，首先要讲清基本理论（理论知识的重点、难点），同时要讲清产生这些基本理论的实践基础和这些理论的实际运用。因为各门学科课程的特点不同，所以教师授课联系实际的内容、方法也不同。教师对理论知识的传授，要联系的实际有诸多方面，如学生的知识、能力、思想实际，科学知识在经济建设和社会发展中的运用实际，科技特别是高新科技的运用实际等。

（二）高校教学要加强实践性环节及训练

高校教学的理论联系实际，要通向生产（产学研）、社会实践等。通过课堂讨论、案例分析、模拟、实验、实习实训、社会实践、毕业论文（设计）与综合训练等环节让学生参加教学实践性活动，达到印证理论、应用理论去分析、解决实际问题和培养实践能力的目的。

首先，高校教学为了加强实践性环节，课堂讲授应当"少而精"，重视知识的简约化、结构化，让学生重点掌握本学科、专业必需的基础理论、基本知识和基本结构（方法）。要构建高校课堂讲授与实践（实训）整合化的教学模式，更加重视大学生学习本专业必要的基本技能、实践能力和就业创业能力的培养及训练。

其次，高校应通过校际联盟、校企（行业）合作等途径来助推实践性教学的实施。例如，2017年由广西大学发起成立、全区34所高校加入的"广西高校新工科研究与实践联盟"，提出聚焦广西发展战略重点，面向当前和未来产业发展需要，主动优化学科专业布局，促进现有工科的交叉复合、工科与其他学科的交叉融合。要突破"围墙思维",主动对接地方经济社会发展需要和企业技术创新要求,深化产教融合、校企合作、协同育人。要增强学生的就业创业能力,培养大批具有较强行业背景知识、工程实践能力、胜任行业发展需求的应用型和技术技能型人才。

最后,要强调的是高校教学的理论联系实际,必须正确认识教学中理论与实际的辩证统一性,既要防止理论脱离实际的教条主义,又要防止以实际代替理论的经验主义。

五、教学与科研相结合原则

教学与科研相结合原则,是指高校把科研引进教学,培养学生的科学精神、科学态度、科学方法和科学研究能力。这是一条反映高校教学特殊性的教学原则。

19世纪初,德国的洪堡提出具有划时代意义的大学理念:"通过科研进行教学"和"教学与科研统一",并在他创办的柏林大学付诸成功实践。从此,这一理念成为世界各国大学普遍推崇与共同遵守的原则。

当今,我国重点大学("双一流"大学)与一般大学,本科院校与高职高专院校的人才培养层次,虽然有明显的区别,但科学研究作为高校人才培养的有机组成部分,则是所有高校人才培养教学过程的共同属性,它反映了高校教学过程的特点和规律,也就是"教学与科研的结合渗透在高等学校教学过程的一般形态中",以适应新时代中国特色社会主义建设对创新人才培养的客观诉求。

贯彻教学与科研相结合原则的基本要求包括以下几个方面。

(一)高校教学和科研要全程性融合

从其活动的过程来说,一方面是高校教师将科学研究的宗旨、方法、手段及成果体现于教学过程的各个环节,实现教学过程的科研化;另一方面,是高校教师将教学目标、内容、环节等结合到科研过程之中,实现科研过程的教学化,从而达到"教研融合"。在高校教研融合过程中,教师要及早引导大学生参与科学研究。国内外教育实践表明,大学生早期参与科学研究,既是培养创新人才的重要途径,也为促进学科发展和提升科研水平提供了生力军。大学生参与科研不仅可以给教师带来启示和反思,有助于促进教师科研和教学水平的提升,而且可以直接促成研究成果的产出和学科建设水平的提高。在国内外高水平大学中,大学生通过参加科学研究和技术研发取得创新成果(如发表高水平论文、申请发明专利、研发实用系统、社会调查咨政等)的事例并不鲜见。

从其活动的途径来说，一是结合各门课程的教学，尤其是专业课程和提高性的选修课程，在经常性的各种教学活动中实现同科研的结合。教师把最新的科技信息和科研成果引入教学中，如中国科学技术大学"把课堂设在科学研究最前沿"。例如，教师在中医学类专业教学中向学生介绍中国药学家屠呦呦获得诺贝尔生理学或医学奖的巨大科学成就——《青蒿素的发现：传统中医献给世界的礼物》，教师在物理学、天文学专业教学中引导学生注视美国科学家对"引力波"的最新发现等。教师在教学中如能向学生呈现在一些科学技术上和新时代国家建设中亟待解决的难点问题或者重大问题，则对于引发学生的科学探求和创新意识，培养学生的科研志向，是很有裨益的。二是通过课程论文或设计、毕业论文或设计以及某些为培养科研能力而开设的课程，如文献检索、科学研究方法等课程实现同科研的结合。三是结合教学组织学生参加学术、科技、生产、社会调查及"三下乡"服务等实践活动，也是有效的科研训练方式。这种教学与科研融合化的模式，对学生来说有利于加强专业基础、拓展知识面和提高创新能力，尤其有利于培养科研能力及科学精神、科学道德和科学方法，不断提升人文和科技素养，增强为新时代中国特色社会主义建设做出贡献的使命感和责任感，也为学生的自主创新发展和可持续发展奠定基础。

（二）高校教师要提高科研水平和能力

高校教师要一手做教学，一手做科研，也就是"教研相长"——"结合教学做科研，以科研促进教学"。教师在教学中，只有坚持不懈地做好科研工作，才能提高自身的科研水平和能力，并促进教学水平和质量的提高。教师只有做好科研工作，才能不断地将自己研究的新成果体现在教学内容中，才能真正实现"教学与科研统一"；教师只有拥有足够的科研经验，才能更好地指导学生的科研活动。

例如，河北农业大学的几代师生以科教兴国、科教兴农为己任，从农林学专业理论知识教学的实际出发，创新实践教学路径，走出校门、走向农村、走进农民，服务"三农"，长期扎根山区，"把论文写在太行山上"，综合开发太行山，走出一条科研进山、振兴贫困山区的"太行山道路"和践行着"太行山精神"，让科研成果转化为农民沉甸甸的收获，为贫困地区群众脱贫致富做出了突出贡献。

李保国教授是河北农业大学优秀教师中的杰出代表。李教授毕生躬耕太行，30多年里先后在贫困山区推广36项实用技术，累计应用面积1826万亩，培育农业科技人才千余人。丰硕成果的背后是艰辛的付出。单是土质治理，李教授和他的团队就整整研究了十几年……他被同事和学生誉为"太行新愚公"。尽管每年在太行山区蹲点半年多，他还承担着校内不小的教学任务，尤其是他一直坚持给本科生上课。

不管外出多远、时间多紧，他总能及时赶回学校，没有耽误过一节课；为了激发学生学习的积极性、创造性并促成学以致用，他甚至把课堂搬到山上，在果园里给学生上课。"我们都知道他很忙很累，但他坚持要求排满自己教本科生的课程。他说教授给本科生上课很重要，能帮助学生们从一开始就爱上农林专业"。

上述关于高等学校的几个教学原则，都有其科学依据、内涵和作用，从不同方面对高校教师的教学工作提出了基本要求。这些教学原则又是相互联系、相互作用的，是一个有机统一的整体，不能孤立地看待每一个原则。高校教师在教学工作中既要把握每条教学原则的精神实质，又要重视把握教学原则的整体功能，全面地加以贯彻，创造性地综合运用，以提高教学水平和教学质量。

第二节　现代高校教学制度的价值理念与创新原则

制度建设与实践创新作为高校教育教学和人才培养质量的重要保障，是尊重高等教育规律，培养学生创新精神和实践能力的需要，也是办人民满意教育、建设创新型国家、构建和谐社会的需要，现已成为高校教学改革的重要研究领域。高校教学制度创新的供给侧亟待更新，以适应诸多需求带来的巨大挑战。分析教学中存在的制度问题，探讨教学运行、教学管理、教学服务的理念基础、价值精神和创新原则，有利于健全立德树人落实机制，扭转不科学的教学保障与评价导向，建构以培养德智体美劳全面发展的人才培养体系。

制度一般指要求大家共同遵守的办事规程或行动准则，也指在一定历史条件下形成的法令、礼俗等规范或一定的规格。教学制度作为一种特殊类型的制度，与一般的社会经济、政治制度本质上是一致的，都是一种规范体系。制度的制定是为给更多的人创设适应有效教学的制度环境或者教学环境，也是对少数不当教学行为的约束和限制。良好的教学制度能够保证教学活动按照预期的方向顺利、有序进行。教学制度是提高教学质量的关键环节，分析教学中存在的制度问题，探讨教学运行、教学管理、教学服务的理念基础、价值精神和创新原则，有利于建构创新人才培养的保障机制。

一、现代高校教学制度构建存在的问题

高等教育的发展已经实现精英教育向大众教育转化，教育的规模与数量发生了

翻天覆地的变化。高校教学制度的建立和完善变得越来越困难，一方面，高校之外的学习变得越来越简单，途径也越来越多，在很多专业领域，如维基百科、TED视频、应用程序、在线课程、论坛、游戏及聊天室等迸发出来。智能学习系统的开发和应用场景在高校教学中也非常常见，相比传统教学，在线课程，混合课程几乎建立在完全不同的原则基础之上，学习时间更自由，教学材料更丰富，内容被切割成更多的小块。这些都可以鼓励那些学习自觉性更高，教师、辅导员、教学管理人员依赖甚少的学习者，网络、电子资源成为他们学习的中心。在斯坦福的一门慕课中，来自全世界的 400 名学生完成得比斯坦福大学最优秀的学生还要好。换言之，斯坦福最优秀的学生被一帮自学者打败了。另一方面，教学制度中的评价系统也正在发生变化。可汗学院在提供与教材匹配的在线课程的同时，通过数据控制器检索所有学生，获取大数据信息，学生的网上行为被一一记录，如时长、频次、作业完成时间、反馈及时性等，有助于帮助教师全面把握学生的学习成效。姑且不论数据分析器是否存在道德考察和伦理考量，学生和教师确实在此评价系统中受益，对于看得见的学生水平的提高，师生皆大欢喜。学生的学业表现被网络公示后，激发了学生更用心的学习。这些变化不仅弱化了教师教学管理者的作用，也弱化了传统教学制度的功能。在高度解析化的社会，传统教学制度面临土崩瓦解的危机，我国教学制度改进的理论和实践应对表现出滞后性。

我国已经成为世界上高等教育规模最大的国家。2017 年，全国各类高校 2 631 所，高等教育在学总规模 3 779 万人，高等教育毛入学率达 45.7%，正在快速迈向高等教育普及化阶段。新一轮科技革命和产业变革扑面而来，新产业、新技术、新业态、新教育正迎接新的未来，国家创新发展和产业升级对人才的迫切需求前所未有。人才培养的政策环境与制度保障面临着更高要求和巨大挑战，然而，制度建设需要的理论支撑、人才支撑、平台支撑却依然相对不足，供给侧结构已远远不能满足教育需求侧结构的需要，尤其是不能满足当前高校人才培养的需求。

（一）教学制度创新的理论支撑及科学化不足

我国现代教学制度除从古代《学记》等经典教育典籍中获取外，主要来自国外高校教学经验，大多从美国、英国、俄罗斯、日本、德国等教学发达国家引入，但结合我国本土高校、立足本土思维的制度理论研究缺失，而国外的教学制度在试用和探索阶段容易出现"水土不服"和"走弯路"的状况。在有限的对大学教学制度研究的著作和论文中，大多探讨教学管理的基本流程、制度建设的常识性知识和操作性程序，而缺乏系统化的理论研究。多数学者从工作需要的角度出发，强调教学及管理的操作性层面革新，集中在组织制度和激励制度等方面的探讨，理论深度不够，尚未形成全面的教学制度研究框架。部分高校教学制度建设一直处于探索阶段，其研究未受到足够重视，难以形成系统性的规则体系，经验管理痕迹依然很重，距离科学管理的路程还很远。

（二）教学制度建设的研究组织和平台发育不充分

现代大学已经加快了科学研究、科研发展的步伐，很多高校设置了高等教育研究处、发展规划处、发展研究中心和相关研究室等机构，但研究大多定位为宏观政策研究，对具体微观的教学制度，主要还是在教务处，教学研究室等部门，通过长期的办学实践，陆续出台了有助于科研发展的规章制度，有效激励了科研成果的孵化。相比而言，教学的制度建设、制度研究、制度实践本应由参与教学活动的群体共同负责的工作被片面地看作是教学管理部门的职责，教务处既是制度研究主体，又是制度执行的主体，没有形成全校多元研究和教师群体共同关注的研究对象，很多学术造诣高的教师、研究型的科研组织很少关注教学质量和相应制度的建构，对教学及其教学保障相关制度的热情明显低于对其科研成果的追逐。这也使得教学制度研究深度不够。伯尔曼指出"一项制度要获得完全的效力，就必须使人们相信制度是他们自己的"。因此我们需要吸纳多元利益相关者共同研究教学制度，多元共建的制度是"经得起重新谈判的考验"的教学制度。

（三）教学制度改革创新的路径创新不够

教学制度需要适应人才培养，尤其是创新人才培养的现实需求。受"路径依赖"和传统行政化思维的影响，集权式的制度生产方式，往往缺乏制度生成的创新路径，使得大学教学管理制度存在制度适应不良，忽视教育教学和大学教师身心的特殊性，难以有效培育大学教师良好的教学行为。当前，制度的文本数量已经超越了以往的任何时期，大学通过制度的刚性和约束作用，虽适应了管理的需求，但忽视了育人的保障，制度控制的刚性容易导致教学管理制度的非理性增长，控制代替了激励，教师会有消极的情绪，学生会产生逆反心理。良好的管理应当"既有纪律，又有自由；既有统一意志，又有个人心情舒畅"，在教学管理的制度生成和过程执行中，需要创新更多的制度生成路径和实施路径，让控制与教学自由之间达到一种平衡，刚柔相济，统而不死，放而不乱，既要有教师和学生的接受度，又让师生在育人过程中充满获得感。

（四）教学制度创新的方式方法单一陈旧

大学教学人员作为具有主观能动性的"理性经济人"，他们的教学行为选择要受到个体情感需要和物质利益需求的影响。制度设计需要从分析主体、时间、空间、文化、心理等因素入手，掌握并运用有效的基本方法，对教学习惯或已有条件进行更新。然而，由于制度依赖和惯性思维的影响，任何变化均需要付出相当的工作量，甚至会因为调整一定的利益格局，制度创新往往成为费力不讨好的实施，经久不变的陈年旧法即便大众都知道有问题、有漏洞，但由于制度创新的方式方法单一成就，很难提出建设性的创新方式方法，难免会造成主观主义和命令主义的错误倾向，不易及时把握教师和学生的感情，造成激励无效，从而影响师生教学积极性和教学绩效。另外，制度之间的衔接也缺乏相应的机制，因而选择适当的方法，并有效组合，从而达到事半功倍的效果。我国高校教学制度建设大多采用借鉴历史、整合其他高校教学制度为自己所用的方式，缺乏制度创新的合理性解读程序，没有很好地开展深入系统的研究和实践，制度具有局限性、稳定性和不确定性。

二、高校教学制度建设的价值理念

历史制度主义认为制度是一种"连续的结构"，社会学制度主义认为制度是"文化规范"和"认知框架"，理性选择符合学校教学实际的制度框架文本，把制度建设成"规则的集合"。目前，保证教学质量和提高教学水平已成为高等教育改革的主要内容。前者是大学内部功能定位所决定，后者是人才竞争中的市场确定。在加强高等教育教学改革研究的同时，推进教学管理制度建设，推进制度建设固有顽疾，发挥制度建设在管理、评价、诊断、反馈中的积极作用，切实解决大学人才培养中的实际问题，为教学改革提供良好的制度环境，已是不容忽视的问题。通过制度的设定，逐步转变教学思想、教学内容、教学方法等内容的人性观、教学观和管理观，树立高效教学管理制度建设的新理念，是推进和切实保障教学改革的重中之重。

（一）坚持立德树人的理念

德为才之资，树人先立德。习近平总书记在全国教育大会上指出，"培养什么人，是教育的首要问题"。高校具有人才培养、科学研究、社会服务和文化传承的四大功能。人才培养是其最核心，最根本的功能，贯穿于其他各项功能之中。大学作为高素质创新人才培养的重要基地，要准确把握立德树人的深刻内涵和实践要求，并将之贯彻人才培养全过程、全体系和全环节之中。未来世界的竞争，归根结底是人才的竞争，科技的竞争，特别是创新人才的竞争。人才培养的质量提升取决于三方面的因素：观念、制度、人才。"观念形成现实，历史是观念的竞争而非利益的竞争"。管理观念的来源主要是管理对象即人性假设的发展演变，从以控制奴役为主的"宗教人"发展到以管理效率与技术趋向的"经济人"，再到如今以知识创新与资源增值的"知识人""创造人"。高校建设和改革的基本出发点是"以人为本"，落实立德树人的根本要求，准确把握高等教育基本规律和人才成长规律，让学校所有工作都能真正回归常识、回归本分、回归初心、回归梦想。首先在全校上下统一"以人为本"理念中对教师和学生的人性假设，现代高校师生首先是具有知识水平，探索能力和创新精神的"学术人"和"知识人"。"办学以教师为主体，教学以学生为中心"，归根结底管理制度的设计是"为人"服务，切实加强制度的"为人性"和"育人性"。

（二）全面协调与可持续发展理念

人才的培养是全面发展的人才培养，当前，基础教育负担重，高校学生负担相对较轻。教育部原部长陈宝生指出，要狠抓大学教学质量，坚持科学发展观，落实"以本为本，四个回归"，确保教学工作的中心地位。制度的"普适性"要求制度设计必须统筹兼顾，综合协调，而教学制度的指向性则要求制度设计在人才培养过程中应充分适用，切实扭转当前评价的"四唯"倾向，建立科学合理的多元评价机制。从现实来看，当前高校效益来源，还很大一部分依靠学生学费收入，部分大学存在扩大招生规模的激情，缺乏注重质量的理性。学校应加强规模与质量相互匹配，在制度设计上促进规模、质量、结构、效益协调发展，正确处理和保障教学与科研的协调关系，以科研带动教学，以教学促进科研；改善师生交往关系，从以教师为中心转向以学生主动发展为主。

（三）质量优先与质量保障理念

习近平同志指出，中国特色社会主义进入了新时代，我国经济发展也进入了新时代，基本特征就是我国经济已由高速增长阶段转向高质量发展阶段。质量优先是质量时代的产物，强调高质量发展，意味着人才培养的高质量供给、高质量需求、高质量资源配置、高质量投入产出。教学管理的质量包括教学质量、人才培养质量、公平道义的关注以及制度文化建设等。质量是制度建设优劣得失的重要指标，把握和关注这些质量要素是良性制度建设的前提。教学制度作为教学工作的重要保障，是对学生学有所得、学有所成的全面负责。我们所说的质量是全面发展的质量，其维度是立体，多元和动态的。不仅仅是知识质量，要建立健全具有参与性、公开性和透明性的各项工作制度、管理制度和评价制度，使学校的质量制度成为全体师生共同遵守的行为准则，自觉为学校的质量目标和质量方针实现而努力。

三、高校教学管理制度建设的创新原则

关于制度的形成，施密特提出了一个强大的"观念性逻辑概念"，即制度形成的根本动力来自观念，其直接动力在于基于观念而生成的话语。高校教学管理制度需要根据人才培养目标和规格要求，既尊重传统又不拘泥于传统，适度的维持与适度的创新组合。高校教学制度的创新，一是有赖于主体的自觉和理解，尊重制度的规范作用与引导作用，承认制度的价值并自觉遵从和执行。二是有赖于内生需求和动力，制度建设本身有追求"健全和完善"，力求理性与德性相统一，追求制度的理性和张力。三是有赖于周期性的等待与坚守，如万物有周期，制度的优劣得失需要时间检验，也需要时间去被认知和认同，在改革与坚持之间应当有静待花开的耐心，避免制度建设一直在变动之中。因此，我国高校教学管理制度建设既要有辩证的思维，又要有科学的理性，追求创新又坚持原则。

（一）继承与创新相结合原则

管理的核心内容是在现有管理效能基础上有所提升，维持是基础，创新是方向。维持是保持现状，是求变创新发展的基本和载体。制度的发展需要保存制度的延续性和稳定性，否则就会让制度环境不可捉摸，主体也会显得无所适从，教师和学生在人才培养的努力中，容易缺失努力的参照物和方向。尊重传统制度的管理优势，运用现有教学管理中的优秀经验，尊重现有运行模式，将经验管理进行科学化转化的一个必要环节就是，教学管理经验的制度化、标准化和专业化。教学单位和相关部门需要改革教学管理制度，一方面，要正确对待"破"和"立"问题，谨慎推进和大胆创新相结合；另一方面，也必须承认，创新毕竟是一个过程，既非流行的口号，也非终结的目标。学校必须充分考虑大学人才培养的实际，把握办学和教学的规律，仔细思考部分制度"维持"和坚守的意义，既不能不顾办学规律蛮干，又不能固守成规，一成不变；既不能为创新而创新，又不能不顾办学实际，完全否定延续的制度体系。大学制度创新需要在局部突破时牢牢把握住其他部分的维持，创新是维持基础的发展，维持是创新的逻辑延续。

（二）制度建设与实践创新相结合原则

"星星会固定地按照自然法则运转不同，人类在法律之下却有着自己自主的行

为选择"，教学管理制度不是固化的文本形式。创新的前提就是调查研究和理性思考。创新是一个逐渐完善、螺旋前进的过程，创新是在规范基础上的创新。制度建设始终是规范层面的东西，只有通过不断的实践探索、科学创新才能把制度建设中的相关思想落实到具体的实践中。通过实践的创新探索，不断总结经验，为进一步的制度建设提供有力佐证，并为丰富制度体系奠定基础。教学管理制度的变革性和创新性已经在人类教育活动实践中所应用，还将继续成为一个生机勃勃的规范体系。保留制度中富有成效、合理的内容，实现教育的可持续发展，必然要有制度建设的创新精神和勇于实践探索的精神。

（三）整体把握与细节处理相结合原则

教学管理制度是一个复杂的制度系统，在制度设计时要充分把握全校教学工作的整体框架，面向全体教师和学生，关注教学的所有环节与基本条件，既要从整体把握教学管理的内容体系，同时又要重视制度设计的论证，充分考虑具体制度细节的可操作性与可测量性，确保制度运行合理有效，既全面管理又重点把握。细节处理是整体把握的必要保障，在整体中注重细节，在细节中体现整体。制度的建设和完善需要充分考量决策层、执行层、监督层的彼此衔接，在不同的制度体系中，还需要注意交接界面的细节把握，既要注重制度体系中的内部环节的一致性和有效性，同时还要注重外部制度和内部制度的彼此呼应。另外，教学制度与人事制度，财务制度、后勤保障制度之间也需要衔接和配合。

（四）民主与集中相结合原则

"制度建构了个人选择方式以及对行为的有效塑造"。信息时代的到来，人与人之间越来越透明，教学行为也越来越被可视化和可量化。教学制度中既要充分尊重决策的强推进性，同时也要注重师生个体在教学行为中的表现特征，注重师生在教学中的话语权与表达方式。集思广益和众筹智慧越来越被教学决策者重视。数字化校园越来越重要，数字化、智能化管理普遍存在教学过程之中，个体被行为数据分析得越来越透明，人与人的差异被解析得越来越透彻，用普遍的制度去约束或引导教学行为的难度越来越大，教学中的民主正受到制度倒逼和技术倒逼，教学制度在创新和被创新中砥砺前行。

大学作为底蕴厚重的学术机构，是一个松散联合的组织系统，校院系及各学科专业之间在教学管理流程和方式上也存在巨大差异，教学人员的情感机制和教学运行的复杂网络，很难依靠统一强硬的教学管理制度达到理想的管理效果。哲学家温迪·楚指出，程序将会成为一切"不可见的却又有着巨大影响力的事物"的强有力的隐喻，制度为了保障程序的公正合法，需要随时关注这些"看不见的手"。与此同时，数字化社会的到来，诸多新兴技术正在倒逼高校教学改革，诸多以人为本的教学创新正在变成现实，如同人工智能汽车能够提升道路安全性和使用率，其正向价值显而易见。但是，为此我们要为无人驾驶修改诸多的制度，交通法、保险制度、基础设施配套等。教学创新和改革变成现实之后，我们同样需要在如此自由和个性化的校园，提供更丰富的教学制度，我们需要一种新的制度性结构与之相适应，我们面临教学方式、内容、方法和智能化技术手段的冲击、解析和解体，甚至包括教学组织形式的解体，教学制度的建设专家逐渐也将面临更多的现实问题，有些问题可能我们甚至毫无头绪，在构建现代大学制度基础上，如何提高现代治理能力和教学管理水平，依然是个永恒的话题。

第三节　高校教学管理如何贯彻以人为本原则

高校是教育事业的主阵地，其教学质量的高低与社会的发展有着直接关联。高校教学管理作为高校管理工作的重点领域，需要贯彻以人为本的理念，这既是实现培养高质量人才目标的需要，也是教学互动正常开展的重要保证。在高校教学管理工作中贯彻以人为本理念应突出以教师为本，以学生为本，建设一支有人本理念的管理队伍。

一、以人为本理念与现代高校管理

"以人为本"的理念是中国共产党在发展真理的道路上实现的新突破，摆脱传统以物为发展中心的观念。传统的发展理念将物质财富的增加作为社会进步的物质标准，没有充分注重人的发展和人的自由度问题，出现了"见物不见人"的现象。新时期"以人为本"打破了这一发展的标准，将人的全面发展作为社会发展与进步的标准，更多地将人作为各项工作的中心，以追求更加和谐的社会关系。以人为本的思想是一种系统概括的思想，指导社会发展和各种管理事物，不同领域有着不同的体现形式。对高校教学管理领域而言，坚持以人为本思想的管理，就是以师生为主体，追求师生全面发展和自由发展，从师生的自我管理基础出发，按照教育的整体目标引导教育教学活动，通过组织师生的不断努力实现全面的自由发展的管理。

二、高校教学管理中贯彻以人为本原则的现实意义

高校教学管理是"建设、改革和管理"的有机融合，是通过一定的管理程序和管理手法对教学活动进行规划、组织、指导和控制，最终实现教学目标的过程，涉及内容广泛，是高校管理工作的重中之重。高校教学管理贯彻落实以人为本原则，确立以学生和教师为中心的管理模式，有利于激发学生和教师的学习工作积极性，有利于各项工作的开展，具有以下几个方面的优势。

有利于调动多方的积极性。高校管理涉及的三个最主要的管理因素，学生、教师和管理人员，组成了高校教学管理体系。以人为本的贯彻落实还需要更好地发挥三者的关系，充分调动工作积极性和创造性，发挥更好的管理效果。高效的教学管理模式，需要从招生注册开始，细化教学计划、教学过程、学籍管理等环节的框架，符合实际，科学可行。以人为本的高校教学管理，做到以学生、教师和管理人员为核心，只有从人的利益角度出发，维护好、尊重好、实现好人的各种要求，得到人的认可，才能真正发挥管理体系的学习工作热情。

有利于创新人才的培养。创新是发展的核心动力，没有创新也就没有新技术新思想，发展也就失去了动力。以人为本的高校教学管理扩大了创新人才培养的有效途径，因为学校本身就是培养创新人才的地方，全面发展、具有创新思维和创新能力的人才对社会发展来说至关重要。以人为本的高校教学管理突出了创新意识教育，强化主观创新观念，不再束缚和限制个人的发展，以充分的发展自由刺激创新能力的发展。以人为本的高校教学管理还转变了传统的人才观念，以更加符合时代需求的模式进行人才培养，摒弃陈旧落后的课程设计，增加现代化的内容，以新发展和新成果引导学生发挥主观能动性，提高创新能力。

有利于多层次的教学管理。教学工作是高校的基础工作，教学管理则是保证基础工作顺利开展的关键。以人为本的教学管理从制度上和规范上都与社会需求紧密结合，围绕科学管理体系健全了管理层次，进一步明确了具体的管理职责，教学过程中各个方面都能按照既定的方式进行，活动双方也有更强的参与性，既提高了教学活动的质量，也提高了教学管理的效率。

三、高校教学管理中以人为本原则的具体要求

高校教学管理是一个庞大而复杂的系统，最主要的管理对象包括教师、学生和管理人员。高校的教学管理又是一个全面的系统，体现了以人为本的思想，管理对

象相互关联又独具特色。高校教学管理以人为本的原则主要突出表现在以下几个方面。

高校教学管理要突出以教师为本。要在高校教学管理中突出以人为本的原则，就必须将以人为本的目标细化，明确具体的管理措施，把以人为本落到实处而不只是停留在理论上。在教学管理中，以人为本原则主要表现在以教师为本上。确定教师的地位并明确教师的职责，充分为教师着想，维护教师的根本利益。

贯彻以教师为本的原则，首先要从教学活动中肯定教师的指导作用。教学活动作为一种社会活动，具有改造客观世界的作用。教学活动中，教师是主导者，是实践者，更是改革者。学生是教学活动的客体，也是实践对象和改革对象。教师的主导地位决定了相应的职责，教师要实践教学活动，要进行教学活动的设计和指导，也就是说教学活动是教师的"主战场"，突出以教师为本的原则，就要在教学活动中突出教师的导向作用，这个导向作用主要体现在教学内容、教学方法和教学组织的设计与实施中。

高校教学管理要突出以学生为本。教师的主体地位体现在教学活动的主导作用，那么相应的我们也需要肯定和重视学生在教学活动中的主体作用。坚持以人为本，学生在教学活动中的中心地位坚定不移，高校教学管理要处理好师生之间的关系，达到最好的教学效果。

首先，学生是教学活动中获取知识的主体。在教学活动中，学生要学习新知识，掌握技能，提高思想道德品质，提升综合素质能力。所谓教学，教是为了学而存在的，教的效果也直接体现在学生的学上，教学质量也就是学生学习质量，这一系列的活动都体现在学生转化知识的行为方式上，所以说学生在教学活动中有着不可忽视的重要性。如果说把学生作为知识的"容器"，学生始终处于一个被动的状态，知识的转化过程几乎没有学生的参与，教学活动怎么可能协调进行，学生就得不到应有的发展。因此，教学管理中，要明确突出以学生为本的原则，将教师的导学和学生的主体作用相结合，强调以教师为本的主导作用，同时不忽略以学生为本的学习过程。相应的，如果学生不会学习，不去主动地学习，教师采取的教学手段就得不到任何效果，也就无法突出以教师为本的主导作用了。

其次，要注重教师与学生的互动过程。现代教学理论中对教学活动中师生关系有了更加科学的观点，因为师生之间的沟通为知识的流动提供了一个良好的"网络"，双向地调动了教师和学生的参与积极性，学生在与教师的沟通中，主体地位充分体现出来，学生感受到自己受到了更多的重视，增强了学习的信心，建立了更高的师生信任度，有利于教师的教学手段达到预期目标。

再次，学生是充满活力的。学生在学习活动中主体地位的体现就是能动性，这个能动性极大地反映了学生的活力。如果在教学活动中，每一个学生的优点和特点都得到了表现，学生会感到自己受到了更多的尊重，从而激发学生的潜力实现其更加全面的发展。学生的活力还不仅体现在课堂上，还体现在课堂外的各项互动，所以以学生为本，更要注重学生的全面发展，自学能力的培养、创新意识的培养和实践能力的锻炼，都需要在教学管理中得到落实，这样才能让学生行使选择和发挥的权利，主动发展更加积极更加全面。

最后，高校教学管理需要一支有人本理念的管理队伍。由于受传统观念的影响，专业知识的缺乏，在部分管理者的理念和思想中，还没有真正树立服务理念，仍然重管理轻服务，缺乏与教师、学生的沟通与交流的能力，这种缺乏"人本管理"的理念既不利于激发师生的教学热情和内在潜能，也不利于管理人员在工作上创新，更不适应现阶段高校改革和教学管理发展的需要。在高校教学管理中贯彻以人为本原则，还需要建设一支有人本管理理念、专业知识娴熟、具有一定的组织管理能力和管理协调能力的高素质管理团队。他们能结合当代高校教学实际情况发现问题并及时解决问题，有科学的决策能力，对高校教学活动有一定的调控功能，并且不断更新先进的管理手段和管理理念，以适应不同社会环境下的管理工作。

总之，高校教学管理中，首先，要确立服务意识，服务人才是真正将人作为工作发展的中心。其次，应给管理者提供发展空间与培训机会，学习科学的管理理念和管理手段与方法。最后，要明确管理目标，想学生所想，解教师所急，满足教学活动发展的各种条件，让师生在良好的环境中都能得到充分的发展。

第四节　基于教师专业化的高校教学质量监控原则

教师专业化与教学质量监控是教育实践研究中的热门与焦点问题，在厘清二者内涵、分析二者相关性的基础上，高校教学质量监控应遵循以下三个原则上下贯通，以上级要求为依据与以教师意见为参考相结合；动静结合，进行常态化的相对稳定的量化考核与实施动态的评价过程相结合；宽严相济，严格按照教学质量监控标准及程序实施评价测量与进行弹性管理相结合。

在高校系统的教育教学过程中，师资队伍质量是影响教育教学质量的关键，教学质量监控是保障教学质量达到预期目标的管理活动，高校在实施教学质量监控过程中，应避免因制度标准的统一性、程序性以及不灵活性导致的阻碍教师专业化发展的弊端，充分发挥标准规范的考核对教师专业化的引导与促进作用，实现高校以质量谋发展，以质量促发展的目的。

一、内涵阐释

教师专业化。教师专业化，最早提出是在1966年联合国教科文组织和国际劳工组织的《关于教师地位的建议》。我国教师专业化的提法，最早在1993年《教师法》中规定"教师是履行教育教学职责的专业人员"之后，于1995年确立了教师资格证书制度，加强了对教师专业地位的确认，促进了教师专业化的发展。

教师专业化的内涵，因对其考查的视角不同，而体现出差异性。对高校教师发展而言，教师专业化指教师通过传授学业知识实现良好的教学效果，使学生在德、智、体等方面全面发展，为社会培养合格人才。对高校人才培养目标而言，一是体现为高校教师因具有丰富的专业知识而成为某一学科的专家，二是肩负着教育学生成为有用的社会人的重担，要培养学生正确的世界观、价值观、人生观。

基于以上分析，可以看出，教师专业化是教师在教育实践中持续进步的动态发展过程。教师专业化不仅包含教师专业知识的不断学习与充实，也包含教师职业态度以及教育教学方法的持续改进，其核心体现为教师内在专业结构的改进与教学水平的提高。

教学质量监控。教学质量问题一直是各高校关注的焦点，在我国高等教育大众化的形势下，教学质量监控问题受到了越来越多高校的密切关注，不仅是研究的热点，也是亟待加强的重要工作。教学质量监控指的是计划、评价、监督、反馈以及调节的全面持续运行过程，高校通过依据上级教育部门的相关规定要求，制定相应的教学标准与规范，评价、监督教育教学过程的各个环节，包括对学生学的监控、教师教的监控以及教学管理过程的监控等全方位。教学质量监控可以概括为以提高教育教学质量为目标，促进高校的教育教学工作按预期的计划进行并最终实现培养目标的活动过程。

二、相关性厘定

教师专业化与教学质量监控在内涵上具有差异性，但二者也存在密切的相关性。

二者的关联性。从各自内涵看，虽然教师专业化与教学质量监控因针对具体问题的角度不同而呈现出差异性，但二者也存在密切的相关性。首先，二者目标的一致性，教师专业化与教学质量监控的最终目标都是提高教育教学质量。其次，二者内涵的相互包含，对教师教育教学的评价是教学质量监控的重要内容、教师通过专业化发展也是实现监控标准、提高教育教学质量的有效保障等。最后，二者运行过程中的相互扶持，教学质量监控对教师教育教学行为制定了标准与规范，该标准与规范不仅是教师专业化发展的要求，也对教师专业化发展起到引领的作用，因此，教师专业化发展能够促进教学质量监控目标的实现，教学质量监控的实施推动了教师专业化发展进程，二者相辅相成。

二者的不适应性。教师专业化与教学质量监控因最终目标都是提高教育教学质量，而具有目标一致性，然而，在教育教学过程中二者体却现出不适应性。一方面，教师专业化发展是动态过程，具有自身的规律，在教师发展成长的不同阶段，会体现出专业水准、专业理想等各方面的差异性，而教学质量监控却只能以制定出的较为优秀的教师的教学行为及效果作为评价标准。另一方面，由于高等教育本身的特点，学科知识的复杂性，高校教师的专业知识、能力和素养会存在差异，高校教师在教育教学理念、方法以及专业追求等方面会体现出一定的独特性。可见，教学质量监控在促进教师专业化发展过程中存在诸多不适应的环节。

三、原则分析

鉴于以上分析，在教学质量监控过程中应贯穿以考核标准为纲与以人为本相融合的理念，既要考虑质量监控标准与规范的制度约束作用，也要考虑教师专业化发展的动态性过程，在发挥教学质量监控规范作用的同时引导与促进教师专业化发展。

上下贯通。上下贯通原则主要是指以上级要求为依据与以教师意见为参考相结合。教育过程的复杂化致使教师专业化不是单一的过程，教学质量监控不仅要尊重上级部门，如国家、地方的教育发展政策与规划，制定高校的教育教学质量监控标准，同时也要关注教师的感受和需求，在教学质量监控标准制定与实施监控过程中加强与教师的沟通，将教师在教育教学过程中的总结体会以及对教学质量改进的意见建议作为提高教学质量监控与管理活动的重要参考，从教学管理层面发挥教师对教学质量提高的重要作用。

动静结合。动静结合原则主要是指进行相对稳定的常态化的量化考核与进行动态评价相结合。作为教学管理活动的教学质量监控工作，必须有监控的标准作为依据，考核标准的科学化、量化有助于考核的实施，并且考核标准要具有一定的稳定性，质量监控的实施也要形成常态化。然而，鉴于教师专业化的动态性与阶段性特点，其影响教学质量的重要因素不是仅仅依据程序化、量化的考核方式就能够测量与控制的，因此，在监控实施过程中应针对教师专业化的不同发展阶段，体现出评价的动态性特征以及教师的进步性特点。

宽严相济。宽严相济原则主要是指严格按照教学质量监控标准、程序实施与进行弹性管理相结合。一方面，要严格按照相关政策文件要求以及高校办学实际，制定科学合理的质量监控标准规范，并实施严格的质量监控以保障日常教学的正常运行，另一方面，对监控目标实施严格考核的基础上体现管理的弹性化。例如，对于教师按时上下课，按程序调停课，课程开课学时数以及开课学期等的监控要严格按照要求落实；由于教师因处在不同发展阶段所体现出来的专业知识、专业态度等的差异性要区别对待。因此，在教学质量监控过程中应针对教师所处的发展阶段及整体工作状态，对高校教师实施弹性管理，在质量监控过程中考虑到不同教师所处的发展阶段，对其教育教学行为进行差异化的考核评价。

教师专业化是提高教育教学质量的基础，是一个不断趋于完善的发展过程，学校要在教学质量监控的实践中应秉承制度规范与人文关怀相结合的理念，消除教学质量监控对教师专业化发展的不利因素，提高教学质量监控对教师专业化发展的促进与引导作用，这是广大教育工作者需要在实践中不懈努力与奋斗的目标。

第五节　高校创业教育课堂教学体系的构建原则

开展课堂创业教育是为了培养学生创业意识、提高学生创业能力、缓解学生就业压力。创业教育的目标是培养人的创业思维、创业意识和创业技能等各种创业综合素质，课堂教学是高校开展创业教育的主要形式。本节通过分析我国创业教育课堂教学的背景和意义，提出改进我国高校创业教育课堂教学体系的基本策略框架，为高校更好地实现创业教育目标提供参考。

一、创业教育课堂教学体系的现实背景

大学生毕业首先想到的是何处工作或者继续深造，但是很少有学生会考虑自己是否可以创业，同时很多没有上过大学或者上学很少的人开始寻找创业的发展方式，以更好地实现自己的人生目标，高校创业教育的缺失是这种现象出现的原因之一。我国高校的学生工作多数以就业为主，开展创业教育课程的高校相对较少，因此学

生很少拥有创业意识，即使部分学生具有创业意识，也常会被一些现实情况取代。这种现象既影响了学生的就业质量，对社会的经济发展也产生了一定的负面影响。

高校培养人才的目标是为了经济社会发展的需要，为社会提供各方面人才。高校不仅要培养学生的素质、增加学生的知识，还要培养综合型人才，加强学生的创业实践能力，这是高校提高人才质量和自身发展实力的内在要求，开展创业教育是经济社会发展的必然趋势。创业教育的目标是培养学生创业的基本素质，目前我国很多高校都陆续将创业教育纳入学生的学习范围，创业教育的效果直接取决于创业教育体系是否合理构建和实施，构建符合创业教育规律的课堂教学体系对完善创业教育体系和实现创业教育目标具有重要意义。

二、创业教育课堂教学体系的构建原则

建设合理的创业教育课程体系是创业教育的发展重心之一，构建课堂创业实践主要是树立学生的创业意识，培养学生的创业能力，挖掘学生的创业思维，激发学生的创业兴趣。创业教育课堂教学体系可以总结为"四个结合"的构建原则。

（一）创业课程和专业课程相结合的原则

创业教育要与专业教育相结合，体现在课堂教学上就是创业课程与专业课程的结合。专业课程是指根据各学科培育目标和要求所开设的专业理论知识和技能的课程；创业课程是指为培养学生创业意识和创业能力而开始的课程如"创业导论""创业管理""商业计划"等。创业课程和专业课程的结合分为两个层次：第一个层次是两类课程在基础性和普及性上的结合和搭配，使学生既具有专业能力，又具备创业能力；第二个层次是两类课程在课程内容上的深度融合，将学科特点融入创业教育中，基于学科开发出具有专业特色的创业课程，如"旅游创业""营销创业""科技创业"等，将创业教育立足专业技能之上，将专业知识渗透到创业教育之中。在第一层次和第二层次的结合上可以将创业基础课程设置为必修课程，将创业专业课程设置为选修课程，因材施教。

（二）理论课程和实践课程相结合的原则

创业教育理论课程是指创业基础知识课程，通常有规范完整的教学大纲和教学计划，是创业教育的基本功；实践课程是指对创业知识和创业技能进行综合运用的课程，紧密地围绕着创业实际。通过系统的理论课程和灵活的实践课程合理配置，使学生将创业基础知识深度理解和掌握，通过实践课程来体验、内化为自身能力，

形成创业教育的一个完整体系，既可以传授创业知识和原理又可以培养创业能力。为使二者相互结合，要有创新的教学方法与之适应，在课堂教学中要以案例研究、创业者现身传教、创业模拟实训、现场体验和测试等为实践课程的依托；以问题为导向，通过教学互动、角色扮演等方式充分促使学生思考，调动学生积极性，要特别强调案例研究，以精选的案例增加教学的鲜活性。

（三）第一课堂和第二课堂相结合的原则

创业教育的开放性、参与性特别突出，第一课堂和第二课堂是创业教育并行的两个重要环节。通过第一课堂的学校和训练，学生掌握系统的创业知识；通过第二课堂的创业活动，学生训练专业的创业技能。例如，举办"挑战杯""创业大赛""创业俱乐部""创业孵化""创业者巡讲访问"等活动，并整合教学、科研、学工、创业园、校友会等学校和社会资源，为学生提供富有实效、丰富多彩的第二课堂。

（四）创业知识和创业意识相结合的原则

创业教育的主要任务是传授创业的基本知识、方法和技能，更重要的是培养学生的企业家精神和素质，除了创业能力，更基础性的工作还是使学生拥有创业的心理特质和创新意识，使学生能够以企业家的视角思考和看待问题，具备商业思维。例如英国根据功能作用将创业教育分为"创业意识""创业通识""创业职业"三种类型。创业意识的培养是向学生传递社会价值观念，塑造学生的商业观。校园文化具有培育学生创新观念和创业意识的重要功能，学校应通过政策制定和开展文化活动营造一种鼓励创新的宽松、自由的人文环境，允许失败、重视过程，在潜移默化中形成崇尚创业的良好文化，渗透到学生的创业意识中。

三、创业教育课堂教学体系的实施策略

高校应积极面对学生创业能力培养的各种障碍，寻找一条符合自身情况和特点的道路，改进自己的办学定位和培养目标，重视创业教育的师资队伍、开设创业教育课程、改进课堂教学方法，为有意创业的学生提供一个良好的平台，构建和完善课堂创业教育实践教育体系。

（一）在课堂上树立正确的创业理念

创业首先要有理念上的创新，以理念上的创新为基础将其应用到实践活动中。具体到课堂创业教育体系中要做到以下几点：第一，要以学生为本，尊重学生的人格，

把学生作为教育目的的根本出发点，培养学生在德、育、体、美等方面实现全面发展；第二，要面向全体，把创业教育融入培养人才的体系中，贯穿培养人才的整个过程，向全体学生全面、广泛、系统地开展；第三，要重视引导，使学生正确了解创业与国家社会经济发展的关系，以及创业与职业的关系，提高学生的创业能力和创新精神；第四，要理论与实践相结合，在培养学生成长的过程中，不仅要注重在课堂上学习理论知识而且还要注重实践教学，完善和丰富实践教学，改革实践教学方法，将理论知识与实践能力紧密结合，全面提高学生各方面的能力；第五，要因材施教，在教学过程中保护学生的个性，发挥学生的长处，激发学生的学习兴趣，充分尊重学生的需要和发展。同时学校要结合学校的办学特点进行合理定位，根据学生的不同专业，开展不同模式的创业教育教学。

（二）完善创业教育的课堂教学方法

美国耶鲁大学校长理查德·莱文认为："制约学生创新能力发展的主要因素是教学方法问题，不同的教学方法取得的效果大不一样。"在教学过程中应根据学生的创业需求，明确学生的学习内容，要求学生学会对待问题独立思考，学会用批判性的思维解决问题，学会从不同的视角看待问题，这种教育模式对社会发展具有积极的促进作用。创业实践能力的培养要求在教学过程中尽量使角色互换，增加课堂中的互动性，以研讨式、互动式和模拟式等方式组织教学课程。从传统教育观念转变为现代教育观念，从以传授知识为中心转变为培养学生的创业实践能力为重点。

（三）完善创业教育的课程体系和教学内容

从中国的教育体制来看，学生的创业意识主要是通过课程中所学习的内容来实现的，要想提高学生的创业能力，必须优化和完善课程体系与教学内容。在课程体系上可以尝试减少必修课的学分，增加选修课的学分；减少理论课的课时，增加实践课的课时，特别是边缘学科、交叉学科可多开设一些实践研究型课程。在教学内容上，改变传统的"死板式"教学模式，除了学习课本中的知识，还要增加一些有关能够培养实践能力的知识，提高学生创业实践能力的发展。学校在开展课堂创业教育学习理论知识的同时，还要全面推动课堂创业实践活动的开展。完善专业教育与创业教育的相结合的教学体系，培养学生勇于创新，善于发现创业机会，敢于创业的能力。

第三章　高校教育教学理念改革

第一节　高校教育教学理念改革的缘由

一、高校教育教学理念改革的由来

（一）培养人才观念的形成

高校教育的根本任务是培养人才，而人才培养的主要途径是教学活动。改革开放以来，确立了知识本位的高校教育思想观念。

随着国家对人才培养质量的关注与重视，人们开始重新认识和反思高校教育教学和科研的关系，进而确立了教学在学校工作中的中心地位，无论什么类型的高校教育，首要任务是人才培养，科学研究也要肩负起人才培养职能。高校教育教师必须把教学放在第一位，切实履行教师的基本职业职责。

随着世界高校教育发展和科技、社会进步对人才培养规格新要求的不断提出，能力本位观点越来越受到重视，社会更需要高校培养知识全面、技能过关的高素质人才。因此，对教学活动提出了新的要求：一方面是出于理论教学与实践教学的关系问题的考虑，既不能忽视理论教学又要加强实践实验教学；另一方面是出于协调学校教育与社会教育的关系，既不能在学校教育与社会教育之间走极端，也不能过多增加学生的时间、经费、心理等负担。于是，新的教学中心地位理论逐步得到丰富和发展，在校内强调理论教学与实验，在科研活动中培养学生能力，在校外加强实习实训基地建设，建立产学研究机制。

（二）以专业教育为主的教育思想形成

一般认为，国际上高等教育大致有两种教学模式：一种是以苏联和德国为代表的专才教育模式，学生在校学习时间较长，既打基础，又进行实践训练；另一种是以美国为代表的通才教学模式，学生在校学习时间较短，主要是打基础，实践训练放到大学毕业以后。我国最先主要学习苏联模式，形成了专才教学模式。改革开放后，我们发现苏联专才教育模式的许多问题，开始注意学习欧美通才教育模式。同时，这两种模式自身又不断变化和交融。

一般认为，现代专业教育思想源自美国国家功利主义视域下的科学主义高校教育哲学。兴起于 20 世纪初的以实用为标准的功利主义教育观影响了美国几十年，受苏联 1957 年"卫星上天"的影响，美国更加重视高校教育教学的科学功利。1978年我国召开的全国科学大会提出"向科学进军"，迎接科学春天的到来，此后一直成为国家教育方针政策，以及学校教育教学工作的重要指导思想的构成元素。培养学生一技之长的专业教育思想很快受到素质教育思想的挑战，因为国内外的人才成长及使用实践表明，仅有一技之长的人并不能担当高级专门人才的重任。随着世界科技的迅速发展，学科专业高度分化后再高度整合成为发展趋势，人才培养与社会工作都面临越来越复杂化，特别是"曼哈顿计划"反映出社会工作对人员合作、协调、组织能力等综合素质的要求越来越高，不仅要具有扎实的基础、宽广的知识面、较强的能力，而且要具有良好的思想政治素质、道德水平、健全的身体和心理素质。

以自由教育、人文教育、普通教育等形式出现的综合素质教育思想得以萌生，传统意义上的专门人才培养模式、观念逐渐被拓宽专业口径、增强"适应性"的呼声和"通识教育"的理念所取代，仅仅重视科学技术的"精、深、专"被"德才兼备""文理兼备"的人才目标所取代。随后，华中科技大学率先提出以人文素质教育为突破口，中共中央和国务院出台专门文件推进的高校教育全面素质教育，并建立了一大批国家人文素质教育基地。人文素质教育并非只对理工科学生进行人文科学知识传授，而是对所有学生加强人文品格、人文精神的全面教育，这就是通识教育的具体体现。

（三）提高终身学习和终身教育观念形成

按照传统的职业教育观念，高校教育在教育序列中毫无疑问就是人一生的一个重要阶段教育活动。由于世界科技发展的日新月异以及世界性社会工作的不断变化，由联合国教科文组织的系列报告引发，以素质教育思想为理论支撑的终身教育、终身学习观念逐渐渗透到高校教育领域，高校教育究竟是阶段性教育还是基础性教育一时成为学术界的争论热点。特别是高校教育达到大众化甚至普及化程度之后，高校教育的基础性就更加突出，高校教育只能为学生未来成为科技人才，从事科技职业打下知识、能力和继续学习的基础，而不能为未来准备好所需的一切。因此，高校教育人才培养必须更加重视比较宽广的学科领域、比较扎实的基础知识、比较强的学习和研究能力，也必须为在职人员提供高校教育后继续学习的条件。

（四）以学生为本的个性化教学观念逐渐生成

一场世界性的学习革命使高校教育教学模式必须适应受教育群体的历史性变化，这是高校教育教学创新的直接指导原则和方向。具体而言有如下表现：由单纯的掌握知识转变为更加注重智力发展和能力培养；由单纯的专业知识和能力培养转变为同时注重拓宽知识面，培养具有包括外语能力、经管能力、交往能力等多种能力的复合型人才；由单纯注重统一的培养规格转变为同时注重发挥学生的多样化特长和学习潜力；由偏重理论知识转变为同时注重实际知识，进一步强调理论与实践相结合等。因材施教，促进人的全面发展是一条基本教育原则。为了突出学生在人才培养中的主体地位，在教学管理、教学环节、教学方式等方面要将统一的、固定的人才模式变革为多样化、个性化的教学过程和教学形式。既努力拓宽专业口径又坚持按专业培养人才；既制定人才培养目标和基本规格又要给予学生充分自由的发展；既坚持教学工作的计划性又要给予学校、专业、教师和学生较大的灵活性。在教学管理上，推行学分制，实行选课、选专业等灵活的制度和政策。

二、高校教育教学的变化趋势

进入 21 世纪以来，随着我国高校教育大众化进程的不断推进，高校教育条件保障机制等方面遇到了困难。政府和高校的积极举动就是实施"高等学校教学质量与教学创新工程"，试图既改善高校教育的条件保障状况，又注重将物化的环境与条件转化为人才培养所必要的制度建设，不断推进教学思想观念创新。

（一）建立健全的教育观

健全的教育观具体表现在创新高校教育资源共享上，通过新教材和立体化教材建设、网络教育资源开发和共享平台建设，建设面向全国高校教育的精品课程和立体化教材的数字化资源中心，建成一批具有示范作用和服务功能的数字化学习中心，完善终身学习的支持服务体系，提升我国高校教育的质量和整体实力。这需要充分考虑提高教学质量的系统性和复杂性，确定一些具有基础性、全局性、引导性的创新突破口，引导高校教育教学创新的方向，实现高校教育规模、结构、质量和效益协调发展。同时，需要调动政府、学校和社会各方面的力量，把发展高校教育的积极性引导到提高质量上来，充分利用各方面力量支持高校教育的发展，切实解决高校教育在提高质量方面的实际问题，为高校教育办学创造良好的外部环境。

（二）高校教育教学创新

高校教育教学创新与高校教育质量提高是一对永恒的话题，总体而言，我国高等教育教学创新在实践活动上可谓阵容庞大、气势恢宏，但在形式和内容上出彩不多。因此，在教学制度创新方面，要继续建立和完善教学评估制度、专业认证制度、高校教育基本状态数据发布制度等；在教学活动创新方面，不仅要落实"教授、名师要上课堂"，还要努力建设高水平的教学团队。同时，应继续突出学生的主体地位，不断增加学生选课、选专业余地，通过学分制使学生学习的自主性、自我责任心进一步增强。另外，还应通过各级各类大规模、高强度的教学研究与教学创新立项和成果奖励，推动教学方法创新的激励机制。

第二节　高校教育教学理念改革的思路

一、更新教学理念

（一）更新教育思想，形成实践教育教学理念

实践是指将高校教育教学内容中的自然科学知识、人文知识、德育等各种理论知识教育，通过具体的系统实践来消化、固化、融合、升华。在实践中统一科学教育与人文教育，把实践育人贯穿人才培养的全过程，培养学生的实践能力和创新精神，提升个人人文素质和科学素质，达到完全与社会实际需要相符合。高校在校园文化建设中要建立一种新的激励机制，带动学生积极展开创新创业活动，并给予大力支持，全面推进实践教育。

（二）树立以生为本的教学理念

在教育教学中要体现出对学生主体地位的充分理解和尊重，对学生潜能的充分诱导和挖掘，对学生人格的充分培养和塑造，将学生的个人意愿、社会的人才需求、学校的积极引导有机结合起来，使学生在知识、能力、思想道德、身心健康等各方面得到均衡、全面的发展，从而促进学生成长成才。这一教学理念要充分贯彻体现

到高校教学环节之中的各个方面。在教学模式上，实施弹性教学计划，建立学分制、主辅修制，让学生有一定的选择权和支配权，可以自由支配属于自己的时间和空间，着力于学生创新能力和实践能力的培养。在教学目的上，要一切为了学生，为了学生的一切，为了一切学生。在教学方法上，要大力提倡"以学生为主体、教师为主导"的互动式教学方法，鼓励进行问题式、案例式、讨论式、情境式教学法，开展"启发、互动、探究式"的课堂教学实践，采取一系列措施，使教师由传统式知识传授型教学向现代式研究型教学转变，引导学生由被动接受型学习向研究型学习转变。

（三）灵活多样的教学组织形式

在教学组织的具体实施方面，应采取灵活多样的教学组织形式，而对传统教学方式进行创新，充分发挥学生的个性，对学生进行激发和引导，使学生经过探索研究而学会自主学习，使教学方式以传授知识向培养学生认知能力和全面素质转变。转变以教师、课堂、书本为中心的教学局面，进行师生互动，展开专题讨论，鼓励自主探索与合作的学习方式，培养学生的探索精神与批判性思维；重视教学的创新性和学生个体间的差别指导，让学生在与教师的朝夕相处中耳濡目染，接受熏陶；以学生亲自动手实践为主，采取提供实践平台、鼓励学生积极参与科学研究实践课程创新的手段，增强教学活力，培养学生获取新知识、分析和解决问题、交流与合作的能力。

（四）制定均衡的高校教育资源配置政策

在重点大学和普通大学之间要实现教育资源配置的均衡。在建设和发展"双一流"大学的同时要兼顾一般大学，着力改善一般大学的办学条件。另外，还要针对目前不同区域间高校教育差距越来越大的现象，制定相应的区域高校教育政策，寻求不同教育资源在区域间配置的平衡，增强区域高校教育发展的动力。科学合理的安排高校教育的学科专业布局，加强教学内容和课程体系创新。合理安排课程设置，高校的办学理念、专业与课程设置、教学模式要与社会需求相一致，培养与社会需求相符的人才。首先，在进行学科专业建设时依据"厚基础"原则构建培养本学科专业人才的基础知识、能力和素质结构。其次，在安排学科专业布局时要依据"宽口径"原则，拓宽学生的专业知识面，把专业设置从对口性向适应性改变，实行"宽口径"的专业教育，优化课程整体结构，拓宽专业课程交叉培养，提高教学质量，提高学生的综合素质，培养学生的科学全面发展，为社会提供高素质人才。最后，高校要抓住自身特色，合理定位，遵循差异性原则，建设优势学科，避免模式单一，合理配置教育资源，促进教育公平，促进高校教育科学发展。

（五）因材施教，树立以生为本的教学理念

因材施教，就是根据不同学生的个性特点来进行不同的教育活动，通过对差异性的辨析制订出适合其特点的教学计划。教育公平的实质不是使每一个学生都要获得同样的教育，而是使每个学生都获得适合自身的教育，这就是教育公平的适合性原则。我们要充分认识到学生是教育活动的主体，学生是发展的独立的人，每个学生都有自己独特的个性，我们要做到在制定教学目标、教学模式、教学内容以及教学方法等方面坚持以生为本的教学理念，尊重学生的主体地位，充分挖掘学生的潜能，使学生的个性得到充分发展，塑造学生的健全人格，促进学生的全面发展，促进教育公平的实现。

（六）构建高校教育教学质量保证体系

高校教育教学的质量直接影响着人的全面发展，最终影响经济社会的发展，我们要依据相应的政策法规建立高校教育教学质量保证体系，规范学科专业建设，避免重复建设和教育资源浪费，构建独立的、有权威性的高校教育教学质量评估机构，加强对高校教育教学质量的监督，完善高校教育教学评估政策，充分发挥社会的监督作用，对高校教育教学质量进行监督。总而言之，追求高校教育教学公平是促进高校教育公平的核心所在，也是促进高校教育创新发展的不懈动力，我们必须继续深化高校教育教学创新，优化高校教育结构，不断提高高校教育教学质量，实现人的全面发展，最终促进高校教育教学公平的实现。

二、办学特色形成

办学特色的形成包括以下几个方面。

第一，教育教学创新，培育办学特色。一所有特色的高校必定拥有自己独特的教育思想和教育教学理念，这种教育思想和教育教学理念能够在特定的时空环境，指导高校在办学发展过程中的办学思想和办学理念，并能适应时代和社会对教育和人才培养的要求，符合教育思想和教育教学理念的创新要求，符合教育创新发展和社会进步的一般规律，能够促进教育发展方向、人的全面发展及人才培养过程的优化。教育教学的创新必将带来教育思想的转变，先进的教育思想必将促进先进办学思想的实践，包括新的办学目标、办学模式的重新定位标准。

第二，构建学科特色，促进办学特色。学科特色建设是促进高校办学特色形成的关键所在。学科建设作为高校培育人才、科学研究和服务社会三大职能的具体承

担者，它的建设和发展水平对高校的人才培养、科学研究、专业建设和师资队伍建设等方面的质量有着重要影响，对高校办学特色的形成有着强有力的支撑作用，并决定着学校的服务能力和水平及办学层次的提高。学科特色是高校办学特色中的标志性特色，是构成高校教育核心竞争力的主要组成部分。学科特色，一是指特色学科，指某一特定的学科特色；二是指学科结构体系特色，指由几个特色学科共同组成的学科。特色学科是学科特色发展的基础，学科结构体系特色是学科特色的扩展，真正的特色学科具有不可替代性，是难以被模仿和复制的。高校在学科建设上不能求"大"、求"全"、求"新"，而要求"精""尖"，要因校制宜地构建优势学科，发挥优势学科所附带的"品牌"效应，形成办学特色。科学家田长霖教授曾经说过，世界上地位上升很快的学校，都是首先在一两个学科领域有所突破，而不可能在各个领域同时突破，达到世界一流。学校要全力支持最优秀的学科，要有先有后，把优势学科变成全世界最好的，其他学科就会自然而然地提升上来。所以，从某种意义上来讲，一所高校的学科优势所在，也就是这所大学的办学特色所在。

第三，发扬高校精神，形成办学特色。高校应该是思想自由、学术自由，培养人、完善人，不断提升人格和道德，追求学术真理的。高校精神就是在学校里做学问的心理状态和文化立场。高校精神是一所学校内所有成员在长期办学实践中共同创造、传承、逐步发展起来的，被学校所有成员共同认同而形成的一种精神理念，它反映了一所学校的历史文化传统以及面貌，是学校的精神信念和意志品质的准确表达，是学校独特气质的精神形式和文明成果的表现，也是学校所有成员的精神支柱。高校精神犹如个人的品格，是高校最为核心和高度抽象的价值追求及行为规范，决定着高校的行为方式和高校发展的方向，是高校存在和发展的基础，是高校的灵魂和本质之所在。高校精神是高校保持永久活力的源泉，是高校优良传统文化的结晶，是高校在长期教育实践中积淀下来的最具典型意义的精神象征，体现了高校所有的群体心理定式和精神状态，展现了高校的整体面貌、风格、水平、凝聚力、感召力、生命力，最终凝聚形成其独有的办学特色。高校的办学理念以及办学实践应该有利于高校精神的形成和发展，并使之形成一种特色教育，经久不衰。

三、推进师资队伍建设

逐步取消高校行政级别，精简高校管理机构，压缩行政费用开支，使教师真正在高校中处于主导地位，同时进行师资队伍建设。百年大计，教育为本；教育大计，教师为本。教师重要，就在于教师的工作是塑造灵魂、塑造生命、塑造人的工作。

一个人遇到好老师是其人生的幸运，一所学校拥有好老师是学校的光荣，一个民族源源不断涌现出一批又一批好老师则是民族的希望。国家繁荣、民族振兴、教育发展，需要我们大力培养一支师德高尚、业务精湛、结构合理、充满活力的高素质专业化教师队伍。

（一）优化高校师资队伍结构

高校师资队伍的结构内容主要包括教师的学历、职称、年龄这几个方面，它可以直观地反映出教师队伍的质量、能力和学术水平的一些基本情况。这些年来，我国陆续实施了"高层次创造性人才工程""高校青年教师奖""骨干教师资助计划""硕士课程进修"等多项高级资质队伍建设工程。我们要继续加大对骨干教师和优秀学科带头人的引进力度，强化高层次带头人队伍建设。对于高职称的学科、学术带头人、紧缺专业人才要给予一定的政策倾斜，根据学科发展的目标，有目的地吸引高层次人才，以确保高校师资队伍的职称结构比例合理。还要通过有效措施引进高学历人才，提高师资队伍的学历层次。加强本校优秀人才的培养，吸纳来自不同地区和高校的人才，引进与培养相结合，推动人才与资源的有效整合，以利于各学科专业教师整体知识结构的优化，最终促进高校师资队伍结构的协调发展。

（二）提高高校教师综合素质

高校师资队伍建设是高校教育教学创新发展的基础，它直接关系着高校教学质量的提高与否。高校教育的快速发展对高校教师的教育教学思想、知识结构、教学方法等综合素质提出了更高层次的要求，要求教师具有熟练应用现代信息技术和现代教育手段的能力、教学与科研的创新能力、理论联系实际的能力、将知识服务于社会的能力以及良好的社会交往能力，要培养这样一支学术过硬、综合素质较高的教师队伍，我国的高校教育师资队伍建设任重而道远。提高高校师资队伍的综合素质就要把师德建设放在首位。师德建设是师资队伍建设的基础，不断加强师德建设，是全面贯彻党的教育方针政策的根本保证，是培养德才兼备的高素质的社会主义建设者和接班人的必然要求。在高校师资队伍建设中要遵循"以人为本"的原则，牢固树立"师德兴则教育兴、教育兴则民族兴"的爱国主义教育教学理念，要求教师不断更新观念，用现代教育思想充实自我、完善自我，推进高校师资队伍建设，建立一支为人师表、作风优良、爱岗敬业、治学严谨、教学科研能力强、与时俱进的高素质教师队伍。提高高校师资队伍的综合素质就要注重教师教学素质的培养。教学是培养人才的直接途径，也是高校的主要工作，教师是教学的实施主体，培养教师的教学科研能力是提高教师教学水平的主要途径。要改变过去只注重学历的提高而忽视教育教学能力培养的状况，既要注重教师专业学术水平的提高，也要重视教师教学水平的提高。要求教师掌握教育教学理论、教学方法以及教学规律，增强教师提高教育教学水平的积极性和自觉性。另外，还要加强教师对科研工作的重视，为教师提供进行科研创新的条件，提高高校师资队伍的科研能力、学术水平和教师职业化水平。以"特色专业—精品课程"建设和聘任重点学科带头人为龙头，加强重点学科带头人、学术带头人、学术骨干队伍建设，在部分学科领域形成独具特色的人才群体，致力于学术大师和教学大师的培养，带动师资队伍整体水平的提高。

总之，我们要把高校师资队伍看作一个整体，通过多种方式培养高校师资队伍的现代教育教学。提高教师的专业理论学术水平、教育教学能力、科学研究能力以及科学文化素养，全面提升它的教育教学功能、团队协作功能、科研开发功能及社会服务功能，使其掌握先进的教学、科研方法，具有崇尚科学、勇于创新的开拓精神，具有为高校教育事业不懈追求的精神，为高校培养一支具有良好的职业道德、较强的教学科研能力和充满活力的高素质师资队伍。

四、创新课程体系及教学内容

（一）课程体系创新

首先，要优化和调整学科专业课程结构，因材施教，分层次教学、分类别培养，同时进行主辅修、双学位、定向培养、中外合作办学等多样化的人才培养模式，在满足不同基础学生学习的需求和发展需要的同时促进人才培养质量的提升。其次，在课程结构上，打破传统的单一课程结构类型，即分科课程、国家（或地方）课程、必修课程，重新调整课程结构，优化课程体系。综合课程、必修课程和选修课程都要各自占有一定的比例，以"本科规格＋实践技能"为特征，重视学生的个别差异，坚持四个结合，即理论与实践、人文教育与专业课程教学、课内与课外、校内与校外相结合，构建一种合理的适合学生发展的课程体系，最终培养学生具备两个方面的素质—文化素质与创新素质，提高四个方面的技能—基本技能、通用技能、专业技能、综合技能。在高校基础课程教育上，构建综合基础教育体系，所有学科专业都要进行国防教育、人文教育、自然科学基础教育、德育实践等基础知识培训。再次，要构建综合实践体系，搭建公共实践平台，包括专业实验、实习、设计、毕业设计（论文）、德育实践、科技文化实践、创新实践等。最后，要构建学生实践能力考核体系，对学生的综合实践能力进行考核，进行"创新课程"研究，转变理论基础。

创新课程所依据的理论基础由心理学扩展为社会学、经济学、文化学、政治学和生态学等更具包容性的学科领域。创新不仅包括首次创造，也包括对他人所创造出来的成果的重新认识、重新组合和设计应用。创新课程既不是以学科的方式向学生传授一整套如何创新的知识、方法和策略，也不是以学生获取学科知识为中心，而是以综合实践的方式为学生提供相对独立的、有计划的进行研究性学习、设计性学习、体验性学习、实践性学习、反思性学习和生活性学习的学习机会，让学生从自己的现实社会生活中自主选择研究课题并通过对开放性、社会性、综合性和实践性问题的探究，形成自己独特的学习方式，以培养学生的创新精神、探究能力、开放性思维、社会实践能力和社会责任感。同时，创新课程是一种创新性理念，指在一种课程开发与实施的过程中，除了独立的综合实践课程，原有的所有课程科目在具体实践中还要设置一些必要的干扰性因素，并通过课程内容的复杂性、模糊性来增加课程的难度，以培养学生的探究能力。

（二）教学内容创新

遵循"厚基础、宽口径、强能力、重质量"的复合型人才培养原则，重新规划和设计教学内容与课程体系。改变过去只在专业学科范围内设置专业课、专业基础课、基础课的"三级"课程编排方式，构建专业必修、专业选修、学科必修、公共必修、公共选修五大课程体系，对教学内容与课程体系进行重新规划和设计。按照学科专业普遍大类平行设计学科专业类课程、新公共基础课程、文化素质教育课程和实践性教学课程等较大教学课程内容体系，增加选修课，减少必修课，对公共课进行分级分类教学。

"厚基础"就是使学生熟练掌握各个学科专业的基础理论、基础知识、基本技能，并能扎实地运用到实践中去，强化学生基础知识体系，打造精品课程。进一步加强学生基础理论、基础知识、基本技能和基本方法的学习与实践，进行优秀主干课程建设和基地品牌课程建设，重点建设基础较好、适应面广的学科专业基础课、主干课和专业课，使之达到国家精品课程建设标准。

"宽口径"就是拓宽学生的专业知识面，将专业设置从对口性向适应性改变，实行"宽口径"的专业教育，提高学生的综合素质，为社会提供高素质人才。在课程体系建设上，优化课程整体结构，拓宽专业课程交叉培养，提高知识质量，加强学生文化素质教育。在公共必修课程之上可以设置学科必修课程，按照分类搭建课程平台，注重文理交叉，在课程体系中设置跨专业课程，强化专业渗透，为学生的"宽口径"发展搭建学科基础平台。优化学生知识结构，让学生根据自己的专业特长、兴趣爱好和发展趋向自由选择，进一步拓宽专业口径，培养学生综合素质。

"强能力、重质量"就是从培养学生全面发展、提高学生综合素质出发，以分析、模拟、教学等基本形式展开实践教学，加强课堂内外的实践教学环节，并通过组织社会实践、社团活动、专业实习等实践活动培养学生的务实能力、操作能力，注重学生的人格塑造，充分挖掘学生的潜能，注重培养学生"从一般到个别"的解决能力，着重训练学生"从个别到一般"的调查分析能力，帮助学生养成可行性分析的良好思维习惯，使培养出的学生具备强能力、高质量。

（三）注重实践教学创新

针对我国高校教育教学创新中出现的各种状况，《教育部财政部关于实施高校教育本科教学质量与教学创新工程的意见》中决定实施教育教学质量工程，中央财政投入大量的资金支持质量工程建设。同时，教育部发出《关于进一步深化本科教学改革全面提高教学质量的若干意见》，指出要重点落实实践环节，拓宽高校学生校外实习、实践渠道，与社会、行业以及企事业单位共同建设实习、实践教学基地，力求提高高校学生的实践能力。对学生进行实践教育，并多方面采取各种有效措施，确保学生专业实践和毕业实习的时间和质量，将教育教学与社会实践紧密地结合起来。

开展实践教学，要求学校通过开辟各种有效途径为学生搭建实践平台，建立一批相对稳固的课内外学生实习和实践基地，并积极组织学生进行社会实践、调研、实习等活动，逐步培养高校学生的敬业精神，培养他们艰苦奋斗的精神和坚韧不拔的意志，有计划、有目的地推动大学生自觉自愿地提高职业道德素养。逐步培养学生的实践创新能力，积极支持学生创新创业活动，致力于学生创新素质的发掘和培养。创新素质主要包括创新意识、创新精神、创新能力等三个层面的内容。在一个创新型国家的建设进程中，这种全新的创新素质正逐渐成为学生在就业市场竞争中的核心竞争力。

五、教学模式和方法创新

人才的培养是一个复杂的系统工程，必须不断探索其内在的规律，挨弃不合理的教学模式，认真细致地研究教学，研究其内在的多重因素——教学理念、教学内容、教学方法、教学模式等，从而掌握教学的规律。因此，我们提出了"教学民主"的教学观念，对传统的教学模式进行创新，开创研究性教学、开放性教学和互动性教学等一些能够体现"教学民主"的经典的教学模式，充分突出学生的主体性地位，激发学生的主动参与意识，开发学生的学习潜能，创设民主、和谐的学习氛围，指导学生学会学习，在教学中建立一种和谐的师生关系，充分调动学生学习的自发性和积极性，促进学生和谐的全面发展。

（一）推广研究性教学，培养学生的创新意识

教学从知识传递向注重能力培养的转变，必然要求教学方式方法的变革，推进研究性教学既是深化教学创新的重要路径，也是研究型大学人才培养的一个基本特征。研究性教学是一种将教师自身的研究思想、方法和最新成果引入教学过程的教学模式。通过研究性教学，使教学建立在科研基础上，科研促进教学水平的提高，教学与科研互动并向学生开放，从而引导学生在参与教学过程中步入科研前沿，激发学生主动思考、主动探索、主动实践的创新意识。

第一，研究性学习的过程是情感活动的过程。通过让学生自发地参与探究性学习活动，获得亲身体验，逐步形成一种在日常生活和学习中勇于探索、努力求知的良好习惯，从而激发其探索和创新的积极欲望。

第二，研究性学习的过程就是一个探索的过程。在一个相对开放的环境中寻找问题和探讨解决问题的过程。通过这一过程，可以培养学生的思维能力，培养学生发掘和解决问题的能力，对学生掌握一定的科学的学习方法，增强学生对资料的收集能力、分析能力、总结能力，以及学会利用多种有效手段、多种途径获取信息都有积极的推动作用。

第三，研究性学习的过程是一个互动的学习过程。在这个互动的学习过程中离不开学生与团体、学生与学生之间的沟通与合作，可以说研究性学习为学生提供了一个人际沟通与合作的良好空间，为学生分享研究资料、学习信息、创意和研究成果，以及发扬团队精神提供了一个很好的交流平台，培养学生学会合作、发现问题、克服困难、共同解决问题的能力。另外，研究性学习的过程也是一个实践的过程，要求学生从实际出发，实事求是，尊重他人研究成果，严谨治学，积极进取。

第四，研究性学习的过程是一个培养提高学生全面素质的过程。通过学习实践加深了学生对科学的认知以及科学对自然、社会的积极意义与价值，使学生懂得思考国家、社会、人类与世界共同进步、和谐发展的伟大命题。另外，在培养学生的创造能力和实践能力之余还培养了学生形成积极的人生观、价值观。研究性学习过程为学生提供了综合运用各门学科知识的机会，加深了学生对已学知识的重新记忆，培养学生的积极参与能力以及自主创新能力。

（二）推广开放性教学，培养学生的创新能力

开放性教学是为了鼓励学生主动积极地去探究知识规律，对传统教学过程中影响学生发展的不合理因素进行创新，从而培养学生自主创新性学习能力的新型教学。开放性教学的主要思想理念在于以学生的发展为本，通过教学目标、教学方法、教学内容以及整个教学过程的开放，从传统的课堂教学走向开放式教学，充分发挥学生的主体作用，让学生自己掌握学习主动权，自己去探索、发现，培养学生的创新能力。在开放性教学中，教师不能仅仅拘泥于教材、教案的内容，要给学生提供充分发展的空间，创设有利于学生自主发展的开放式教学情境，根据学生的发展状况不断调整教学过程的每一个环节，激发学生学习的动力，促进学生在积极主动的探索过程中健康、全面、和谐地发展。开放性教学不仅仅是一种教学方法、教学模式，它还是一种教学理念，它的根本目的是让学生的创新潜能得到充分发展，以开放的教学活动过程为路径，以最优教学效果为最终目标。

（三）开创互动性教学，提高教学质量

互动性教学就是在教学过程中充分发挥师生双方的主动性，师生之间相互交流、相互探讨，促进师生共同发展，最终优化教学效果，共同完成教学目标的一种教学模式。互动性教学不但可以活跃课堂气氛，而且能够及时反馈学生的学习进度以及掌握知识的规律。互动性教学包括教与学的互动、教学理念的互动、心理的互动以及形象和情绪的互动等。互动性教学是一种富有生命力的创造性教学，有着现代性、互动性和启发性的特点。互动性教学要求教师按教学计划组织学生系统而有目的的学习，并要求教师按学生的发展要求有针对性地因材施教。互动性教学促进教师努力探索、学习，不断提高自己的专业水准和教学水平，同时激发学生学习的积极性，促进学生个性的发展，提高教学效果和效率，最终提高教学质量。互动性教学以学生为主体，以教师为主导。提倡师生平等的沟通、交流，让学生在没有压力的情况下轻松自由的学习，让学生参与教学计划、教学决策的制定，有利于培养学生自觉学习和主动学习的能力以及创新学习的能力。

六、重视高校学生文化素质教育

学生文化素质教育是高校高质量人才培养的重要组成部分，是我国高校教育教学创新的一个重要方面，要将文化素质教育贯穿高校教育的全过程，进而实现教育的整体优化，最终达到教书育人的目的。高校学生的基本素质包括文化素质（思想

道德素质）、专业素质和身体身心素质，其中文化素质是基础。文化是人们所创造出来的物质和精神的成果，是人的活动的对象化、物化，是人观念存在的形式，是超越个人的实物形态或观念形态。一种文化一旦被创造出来，就不再受时间、空间、个人的限制，就会被广泛地传播和使用。文化素质就是人们所拥有的所有文化知识的内在的积淀，文化素质对人们的人生观、价值观的形成具有基础性的决定作用，并最终成为行为的指导规范。同样，人们已有的人生观、价值观也会反作用于文化素质。提高学生素质教育，主要是指文化素质教育及创新精神、实践能力的培养。文化素质教育重点指人文素质教育，主要是通过对学生加强文学、历史、哲学、艺术等人文社会科学、自然科学方面的教育，以提高全体学生的文化品位、审美情趣、人文素养和科学素质。

（一）提高高校学生文化素质教育的目的和意义

国家要发展，经济是中心；经济要振兴，科技是关键；科技要进步，教育是基础。由此可见，教育在我国发展中的作用和地位是重中之重的。在发展过程中，需要主体——人，是有知识、有文化、有创造力的人，进行社会发展和变革。因此，发展最根本地又被归结为人的发展。高校教育，主要是培育有知识、有文化、创新型人才，高校教育能够产生新的科学知识、新的生产力。高校教育的三大职能之一是发展科学，高校教育在传输知识、培养人才的同时，亦创造新的科学理论。高校教育所培养的不同专业、不同层次的各种文化素质人才在社会生活各领域的作用，将直接、间接地影响全社会的可持续发展，可持续发展的教育观念即是应从全社会可持续发展的角度来审视教育的创新与发展。在高校教育中，我国已从办学体制、投资体制、管理体制、教育教学、招生就业、考试制度等方面进行了多层次的创新，已经逐步走上了一条可持续发展的新道路。当然这条道路并不平坦，在进行创新的过程中会有诸多的问题凸显出来，其中提高高校学生文化素质教育显得尤为重要。

（二）观念变化对高校学生文化素质的影响

我们生活的时代正处于急剧变革的社会转型时期，人们的生存方式和形态也随之发生了历史性的变化。目前，受社会上一些现象的影响，各种媒介的导向作用，使我国高校学生的价值观、文化观都发生了巨大的变化。"价值观是人们对人和事的评价标准、评价原则和评价方法的观点体系。它具体表现为信念、信仰、理想和追求等形态。一定的价值观反映着在一定生产关系条件下人们的利益需求，决定着人们的思想取向和行为选择"。在经济日益全球化的今天，经济的迅速发展，物质的极大丰富，也在刺激着高校校园，高校学生作为最敏感的社会群体之一，其价值观随之不断变化。当前经济发展、教育创新与媒体导向等是影响大学生价值观变化的主要因素。文化观是一个人对待文化的态度。我们要树立正确的文化观，不狂妄自大，不妄自菲薄。合理对待外来文化，不一概排斥，但也绝不崇洋媚外。

（三）提高高校学生文化素质的途径

提高学生文化素质教育，必须将文化素质教育贯穿高校教育的全过程，要求培养出的学生具备人文科学素质、自然科学素质，具有较强的综合能力，如观察分析能力，研究思考能力，语言、文字表达能力，决策能力，组织能力，处理复杂关系的能力，以及应用计算机和现代信息技术进行学习、工作和生活的能力，从而实现教育过程的整体优化，最终达到教书育人的目的。提高学生文化素质，必须从以下三方面做起。

第一，提高学生文化素质教育，高等院校必须转变教育观念，必须进一步加大教育教学创新力度，建立科学的课程体系，创新教学内容和教学方法。首先，转变教育思想并更新教育观念。我们要转变教育思想、更新教育观念，在教育过程中要注重对学生创新能力的培养，开发学生的潜力，让学生在受教育过程中享受到创新的乐趣，积极进取，把学生培养成为全面发展的人。其次，构建科学的课程体系，进行教学内容和课程体系创新，充分发挥以课堂教学为主体的导向作用。文化素质不能纯粹以自然的方式在现实生活中靠个体的感悟和体验来获得或提高，而是需要精心设计和安排，以科学而系统的课程体系为支撑，通过发挥课堂教学的主导作用，来实现提高学生文化素质教育的目的。总的来说，要全面提高高校学生的科学素质与人文素养。在具体教学过程中，应强调人文与科学的自然渗透与融合，必须包括文、史、哲、自然科学等多学科门类的知识内容来构建多学科交叉的高校课程体系，为培养学生科学素质和人文素养提供广博而深厚的文化底蕴。强调课程体系的科学性，使学生通过各种必修课和选修课的学习和探索，形成合理的知识结构和深厚的知识基础。

第二，提高学生文化素质教育，高等院校必须提高教师队伍质量，使教师的科学素质和人文素质全面提高。蔡元培曾指出，大学为纯粹研究学问之机关，不可视为养成资格之所，亦不可视为贩卖知识之所。学者当有研究学问之兴趣，又当养成学问家之人格。"师者，所以传道授业解惑也。"教育工作者是社会主义核心价值体系的宣传者和教育者，"身教重于言教"，教育工作者要发扬严于律己、以身作则、率先垂范的优良作风，自觉自愿地做到诚信、肯学、肯干，带头实践我们所提倡的道德标准、价值观念和理论要求，真正起到教育和带动广大学生的领头作用，只有这样，才能真正提高和发挥社会主义核心价值体系中教育工作的说服力、吸引力和感染力。

第三，提高学生文化素质教育，必须创新人才培养模式，把知识、能力和素质三者有机地结合起来，贯穿高校教育的全过程。使高校学生在这三个方面获得和谐同步的提高，以期造就出高素质的全面发展的人才。要培养学生拥有良好的文化素质修养，不仅是传授文化知识，而且要教给他们获取知识的方法和技能，在获取知识的同时，让其能力得到充分的发挥，个人素质得到充分提高，这才是教育创新的最终目的，这才是教育的真正目的。蔡元培先生曾说，教育是帮助被教育的人，给他能发展自己的能力，完成他的人格，于人类文化上尽一份的责任；不是把被教育的人，造成一种特别器具，给抱有他种目的的人去应用的。除此之外．还要全社会的积极配合，媒介充分发挥积极正面的舆论导向作用等，只有这样，培养出的学生才是全面发展的人，才会成为有益于社会、有益于人类的有价值的新型知识人才，才能继续推动教育创新，才能推进整个社会的可持续发展。

七、人力资源强国战略推动高校教育教学创新

实施人力资源强国战略，关键在于建设高校教育强国。进入 21 世纪，国家站在创新开放和加速社会主义现代化建设的高度，提出了实施人力资源强国战略的重大举措。高校的职责就是为建设高校教育强国提供强有力的人才保障和科技支撑。当前我国高校教育已经实现了跨越式的发展，成为一个高校教育大国。要想建设成为一个人力资源强国，就必须以人为本，从创新教育观念、突出高校办学特色、深化高校教育教学创新和完善体制等方面，全面推进高校教育创新，只有这样才能将我国从人口大国建设成为人力资源强国。我国高校教育人力资源开发的构想是坚持"人力资源是我国持续发展的第一资源"的战略决策，从 2011 年到 2020 年，高校教育入学率达到 40%，各类高校教育在校生人数达到 3300 万人，这一时期高校教育学龄人口规模的下降，高校教育普及程度快速提高，研究生在校生人数达到 200 万人，打造若干所世界高水平大学,造就一批世界级先进学科，大幅提高国家科技的原创力，培养一大批拔尖创新人才，争取实现我国诺贝尔奖零的突破。从 2021 年到 2050 年，高校教育入学率达到 50%,进入高校教育普及化阶段，各级教育都达到较高发展水平，实现从追赶到超越的战略转变，跨入教育发达国家行列，成为世界高校教育人力资源强国。

我国从高校教育人口大国迈向高校教育人力资源强国的构想是：从 2002 年到 2020 年，每百万人口中科学家和工程师人数达到 1500 人；从 2021 年到 2050 年，每百万人口中科学家和工程师人数达到 3000 人，实现高校教育人口大国向高校教育人力资源强国的跨越发展。我国必须在全面建设经济型社会的同时全面建设学习型社会，强化高校教育人力资本投资，使我国高校教育人力资源的结构更加合理、总量更加充足、质量更加提高、体系更加完善，最终带动全体人民的学习能力和就业能力的发展，提高人民的整体素质和综合能力，使我国从教育人口大国迈向人力资源强国。

第三节　高校教育教学理念改革的举措

一、树立终身教育的教学理念

终身教育、终身学习的思想是近代以来各国教育界乃至思想界的热门研究课题之一，构建终身教育体系、创建学习型社会逐渐成为联合国以及世界各国指导教育改革和社会发展的基本理念。终身教育论者认为教育具有时空的整体持续性，即教育与学习"时时都有，处处皆在"。传统教育往往将人的一生分割为三个时期，即学习期、工作期、退休期。终身教育则冲破传统教育的观念，认为教育应当包括人发展的各个阶段及各个方面的教育活动，既包括纵向的一个人从胎教开始直至死亡的各个不同发展阶段所受到的各级各类教育，也包括横向的从学校、家庭、社会等各个不同领域受到的教育。

《中华人民共和国教育法》明确提出，要"建立和完善终身教育体系"。《面向 21 世纪教育振兴行动计划》进一步明确，"终身教育将是社会生产力发展与社会进步的共同要求"，要"基本建立起终身学习体系"。可见，终身教育、终身学习，已经成为我们的教育和社会理想，建立和完善终身教育体系，已成为我们义不容辞的职责。因此，要树立终身教育的教学理念，就要将各类教育形式有机结合，合理配置，创新高校教育的教学模式。高校教育肩负起发展终身教育的重任，依据社会的发展，职业的需求搞好高校教育、岗位培训、知识更新教育和继续教育，尽可能满足社会和经济发展的各种人才的要求。

强化开放办学的指导思想。联合国教科文组织发表的《德洛尔报告》中指出："如果大学能向所有希望恢复学习、接受和丰富知识或渴望满足文化生活的成年人尚开校门的话，大学就能成为人们一生中受教育的最好讲台。"世界许多国家通过开放办学使高校教育从精英教育转向大众教育，甚至普及教育。

我国高校教育由传统办学转为开放办学，一方面要大力发展远程教育和网络学校，采取"宽进严出"政策，向每一个人提供接受本、专科水平的高校教育。远程教育和网络学校由于不受时间和空间限制，更加适合各类在职人员的学习需要，必将部分取代传统高校教育的函授、夜晚学校和自学考试的多种助学方式，成为21世纪高校教育发展新的生长点。另一方面要充分利用高等学院是社会主义经济建设当班人这个得天独厚的优势，与企业、社会建立更为密切的关系，把学校办成教学、科研和经济建设的联合体，提高高校教育在市场经济条件下的办学效益和造血功能，使高校教育在自身发展壮大的同时，进一步提高为社会服务的功能。另外，还要有强烈的国际意识，推进和发展高校教育的国际交流与合作，大胆吸收和借鉴世界高校教育的先进经验，把我国的高校教育建立成为一个面向社会、放眼世界、兼收并蓄、博采众长的开放体系。

二、拓展德育教学的教学模式

从职业发展理论来讲，高校教育在德育教学上的问题，将影响职场个体的职业发展精神和职业道德素养的培育，而高校教育对象的特殊性，决定了学员德育教学的艰巨性、复杂性。一般意义上的德育教学很难达到令人满意的效果，高等德育教学成为高校教育中最为薄弱的环节。因此，创新基于职业发展理论的高校教育教学模式，应当积极拓展高校教育中德育教学这一重要组件。

（一）拓展德育教学的内容结构

现代德育是以社会现代化、人的现代化为基础，以促进人的现代化为中心，进而促进社会的现代化的德育。现代德育必然要反映现代社会中人自身道德发展的要求，反映现代社会发展的要求。因此，在围绕高等德育内容的构成上，应该更具广泛性、现实性。职业道德是衡量一个从业者道德水平高低的重要标尺，它影响和决定人们劳动的态度和方向，成为决定劳动者素质水平的灵魂，在高校教育内容中居于核心地位。另外，高等德育要指导受教育者运用科学先进的价值理念学会判断、学会选择、学会创造。随着科技、经济、社会的发展，人们的生活方式、价值观，包括道德观念、道德准则不断变化，原有的某些道德观念、道德规范有可能过时，不可避免地需要提出一些新的道德准则和规范。例如，在科学道德、信息道德、经济道德、网络道德、生态道德等领域特别需要具体的规范，特别需要新的道德规范。因此，这也应该是高等德育教学的重要内容。

（二）拓展德育教学的教学形式

拓展德育教学的教学形式必须充分利用现有教学资源和条件，选取在教学中已经成形的教学方法和模式进行拓展延伸。第一，应当充分运用课堂教学，开展德育教育。课堂教学是学员学习的主要形式。在课堂德育教学开展过程中，根据高等学习的特点，在教学计划和教学内容上，都要做特殊要求，教育内容应该根据市场经济的形势，适时调整德育目标。将以往的"完人道德"调整为"高等道德"教育。教育过程中要坚持先进性和普遍性相统一的原则，立足市场经济的实际，提倡"为己利他"的道德建设目标，把"利己不损人"作为道德底线，并且把健全的人格塑造放在德育工作的首位。同时，注重发挥学员主观能动性，强化课堂师生双向互动，创造轻松、活泼的德育氛围，保证对学员开展有效的德育教育。可以聘请知名专家举办专题报告，作为特殊课堂形式，加强对学员人生观、职业道德、现代教育教学和传统文化的教育。总之，无论课堂内外，德育教育的目标和德育教育的重点应在学员健康人格的塑造上，使学生明了道德建设是人格修养不可或缺的一部分时，他们才能接受我们的教育。

第二，利用多媒体教学，强化德育教学效果。传统的授课方式无法满足现代高校教育德育教学的需要。因此，在德育教学过程中，要用鲜活生动的实例来感染学生。通过学生自主的情感判断来塑造道德榜样，唤起其对道德善行的崇敬之情，在纷繁复杂的社会现象中找到自己的道德归宿。注重现代教育技术的充分运用以及信息技术与学科资源的整合。充分利用电影、电视、教学录像等信息化、电子化、智能化的多媒体教学手段，借助这些灵活多样、内涵丰富的声、光、图像等教学形式的直观冲击力，增强学生的兴趣，使学生的认识更加深刻，产生事半功倍的理想教学效果。此外，可以利用网授以及远程教学发挥网络教学的优势，拓展德育教学空间，克服高校教育教学时空上的局限性，整合课堂教学和多媒体教学的优势，充分发挥网络资源在教育教学中的作用；借助网络实施网络教学，可以将专家、学者的精彩专题报告、德育教学录像制作成教学辅导光盘在教学辅导网站上和有条件的教学点进行播放。这一生动、灵活、便捷的德育教学形式克服了高校教育时空上的制约，发挥了网络便捷、高效、涵盖广、辐射面大的优势，最大限度地拓展了德育教学空间，为广大学生提供了全天候德育教学服务。

（三）拓展德育教学的评价体系

基于高校教育的特殊性，高等学习者的德育考核评价有别于其他一般的考核，具有自身的特殊性。因此，凡是列入教学计划的内容，可以通过知识考试的手段进行考核评价；对于学生的思想观念的考察，可以通过日常管理中的操行鉴定来考核评价；对于学生的行为考核主要由学生工作单位出具考核鉴定和进行跟踪问卷调查。另外，为了充分调动广大高等学习者的积极性，鼓励他们在思想上、学习上积极进取，可以建立评优奖励制度，进行精神和物质奖励。对表现差的学生进行批评教育。通过长期的探索以及多年以来高等教学的实践，制订一系列评判原则和标准，建立以职业发展为基础的高校教育德育教学全方位评价体系。

（四）拓展德育教学的管理网络

高校教育的德育教学是一项复杂的系统工程，必须要动员主办学校、学生家庭等全方位参与，才能实施有效的组织管理。主办学校根据国家的有关规定，结合高校教育的特点，制订德育教学计划，科学、规范、可行的评价考核标准以及考核措施，如班主任配备，班级临时的党、团支部活动安排等，负责德育教学的实施和知识考核。学生居住的社区和学生所在单位承担着对高等学习者的平时监督、检查的作用，负责平时的思想政治教育。高等学习者所在单位具体负责学生日常行为、思想观念等方面的鉴定意见。只有通过三个环节的协调一致，才能形成高等德育教学的组织管理网络。

三、确立多元化的教学模式

创新基于职业发展理论的高校教育教学模式，需要以高校教育学生的职业发展需求为导向来设计多元化的教学模式，创造一种超越时空限制的弹性化学习机制。确立多元化的高校教育教学模式，必须体现高等教育特点，以高等教育的生活、需要与问题为中心，突出能力培养与多种教学范式综合运用的教学活动与形式。新的教学模式应强调个体的思维能力和动手能力，而非只学习基础知识，强调解决问题的能力，强调培养学生面对快速变革的职业生涯和多元的价值取向所应具有的包容能力和理解能力。在课程建设目标上，要更加强调综合能力和建立在个性自由发展基础上的创新能力。在教育建设中注入科学精神和人文精神，以滋养和陶冶学生的性情，帮助其顺利走上职业发展道路。

按照教学对象的细分，我们可以把多元化的教学模式分为学生为主产生的教学模式、学生为业余产生的教学模式、学生为函授生的教学模式。对于第一种以学生为主产生的教学模式，其教学目标为系统地掌握知识、方法和技能，综合素质全面提高；其教学内容为基础理论＋专业理论＋专业技能；其教学方法与手段为课堂教学法（主）＋试验实践教学法（主）＋网络教学法（辅）。对以学生为业余产生的教学模式，其教学目标为较系统掌握知识要点，具备从事专业岗位的知识结构与知识适用能力；其教学内容为基础理论＋专业理论＋理论运用；其教学方法与手段为课堂教学法（主）＋网络教学法（辅）。对以学生为函授生的教学模式，其教学目标为了解一定的理论知识要点与基本具备进一步的提高能力，基本具备知识要点使用能力；其教学内容为基础理论＋专业理论＋理论适用；其教学方法与手段为网络教学法（主）＋课堂教学法（辅）。

在具体的实践中，确立多元化的教学目标应注意以下两点。

第一，确立多元化的教学模式应突出学生的能力培养。函授生、业余生来自生产、服务、管理第一线，虽然具有较强实践工作经验，但理论知识相对较缺乏，因此需要通过专业知识的学习与深化，强化理论知识与实践的结合，培养专业技术知识的综合运用能力，而产生的学习目的是适应市场变化新形势，通过学习找到较满意的工作。因此，高校教育教学模式必须体现以高等需要为中心的"突出能力培养"的目标。

第二，应提倡跨时空的教学形式。高校教育学生的工学矛盾突出，文化基础差异较大，这为教学组织和教学质量的提高增加了困难。而以网络为基础的教学手段则有效地解决了以上问题，一方面，网络教育不受时空限制，从而为成教学生提供了跨时空的学习环境；另一方面，网络教育作为一种教学补充，有利于基础较差者的知识补充。因此，多元教学模式必须具备"虚拟学习环境与学习社区"功能。

第三，确立多元化的教学模式，应转变教育观念，改革和创新教学方法，采用适合高等学生心理特点和社会、技术、生活发展需要的教学方法。

四、引入校企合作的教学模式

在高校教育过程中，由于高等学生身份的特殊性，他们往往要兼顾学习和工作的双重压力，难以在两者之间恰当地分配时间、精力，形成较难解决的工学矛盾。另外，就职业发展理论而言，高校教育教学模式必须考虑到学生的职业发展需求是以学习专业理论和专业技能为主。为了找到学习和工作之间的平衡点，并提高学生的实践动手能力，有必要引入校企合作的双元制教学模式，以夯实学生的职业发展道路。

（一）建立校企联动机制

合作的前提是信任和需求，关键是寻求联动的结合点，否则难以形成合力。从前面的分析中我们已经清楚地意识到，校、政、企三方都有实施教育的愿望和条件，这就给创建"学校主办、企业和政府协办或督办"的共同办学联动机制铺平了道路，也为实施校政企合作人才培养模式扫清了障碍。

对学校、政府、企业而言，发展是大家关注的焦点。因此，校、政、企联动的逻辑起点应该是发展。学校发展主要体现在人才培养上，政府（社会）、企业发展需要人才，人才就成为双方或多方联动的结合点。要让学校、政府、企业围绕人才培养走到一起，必须建立有效的联动机制，包括管理制度和运行模式。必须建立以现代信息技术为依托的网络交流平台以及信息员联络制度和信息发布制度，畅通对外宣传和信息沟通渠道。

（二）规范校企管理模式

双方或多方合作，必须以合同或协议的形式建立一种有约束力的办学关系，明确双方责任与义务，从而确保合作的有效性和规范性。同时，必须充分尊重高校教育规律和高等学生特点以及政府、企业的实际需要，建立以主办学校为主、政府和企业参与的教学管理制度，共同商议决定重大事宜，合理安排各教学环节，确保教学质量，达到规范性与灵活性的完美结合。在办学实践中，我们实行的是项目管理，即由学校高校教育主管部门和企业、政府负责人组成项目管理组，共同研究制订培养计划、管理制度并组织实施。在具体的教学实施过程中，校、政、企各方紧密合作，及时掌握教学情况，有力地保证了人才培养质量。

（三）合理设置培养目标与教学计划

高校教育培养适应生产、建设、管理、服务第一线需要的德才兼备的应用型高级专门人才。要实现这个培养目标，关键是要制订一个以较高层次的技术应用能力为主线的培养方案，构建科学、合理的课程体系，确定学以致用的教学内容以及与学生的职业发展、从业岗位密切相关的实践教学环节。因此，必须彻底改变沿袭普通高校教育的人才培养模式，建立"学历＋技能"的学科课程与技能培训相结合的课程体系。学生来自各行各业生产、管理、服务一线，有的还是管理和技术岗位骨干，对职业、技术及其所需知识有着深刻的认识。学生所在单位和部门也希望自己的员工能学有所获、学有所成、学以致用。因此，我们在制订教学计划时，应该充分利用学生及其所在单位这一宝贵资源。让学生和社会各界充分参与到教学计划制订和课程设置中来，使我们的教学计划、教学内容更具针对性和实用性。实践证明，高校教育校、政、企合作人才培养模式是一种多方共赢的人才培养模式，也是高校教育事业可持续发展非常有效的一种模式，随着科技、经济、社会的持续快速发展它必将拥有一个美好的前景。

校、政、企合作之路还在探索之中，许多深层次问题还需我们在实践中不断地探索，如合作模型与运行机制问题、学历教育与技能培训关系问题、学生考核与评价问题等。我们必须在实践中改革创新，拓宽运作思路，主动走出校门，将高等高校教育真正办成面向社会的开放式教育，为社会各界、企事业单位提供更好的教育服务。

五、以学员为教学中心

职业发展理论的核心是职场个体的职业生涯发展，说到底是以人为中心的考虑点。因此，基于职业发展理论的高校教育教学模式的创新也应当坚持以人为中心的价值取向。"大学之道，在明明德，在亲民，在止于至善。""亲民"和"至善"从主客观方面都体现了人本思想。坚持以人为本，树立全面协调可持续发展理念，体现在高校教育教学中主要是坚持以学生为中心，以人的教育为出发点，以人的教育为归属。

这就意味着高校教育的教学评价必须着眼于人的发展，着眼于社会对人的多元化的需求，而不能局限于知识的考核。基于职业发展理论的高校教育教学模式，要体现以学生为本的思想，就必须要尊重学生的评教权，尊重学生对教学过程的选择权，缺少这两者，就无法做到以学生为本。高校教育学生在接受教育时，他们不需要被动接受一些对他们没有用的知识，而是需要搜索对自己有价值的知识。他们需要的是一种自我的选择知识和构建知识的权利。因此，创新基于职业发展理论的高等高校教育教学模式应当坚持以学生为教学中心的价值取向。

基于职业发展理论的高校教育教学模式应以学员的实践动手能力为基本的评判标准。众所周知，高校教育与普通高等教育同属高校教育的范畴，它们有共性，但毕竟是两种不同的教育形式，有着它们自身独特的个性。但时至今日，仍有相当多的人以普通高校教育的观念、普通高校教育的模式、普通高校教育的标准来套用、衡量高校教育，力求在质量与规格上应与普通高校教育"同类""同质""同轨"。这在学生的就业与求职中表现得最为明显。高校出于对学生前途着想，只好在日常教学与考核上，变求同存异为全同不异，导致高校教育慢慢被普通高校教育同化。踏入职场，接手工作岗位，对缺少高等学历文凭和高等文化教育的他们来说，扎实学习一门专业学科并培养较强的实践动手能力，才是他们在职场上安身立命之根本，并且以此作为日后职业生涯发展的基础。因此，创新基于职业发展理论的高校教育教学模式应当坚持以实践能力作为评判标准的价值取向。

第四章　高校教育教学方法改革

第一节　高校教育教学方法改革创新的必要性

"教学是高校的中心工作，教学方法是实现教学目标、保证教学质量的重要手段"。为提高教学质量，优化教学效果，各高校纷纷推行教学改革，其中，教学方法的改革是深化教学改革的重要突破口和切入点。很多学者对高校教学方法改革十分关注，并进行了许多有益的探索和研究，本节将就此进行回顾和总结。

一、关于高校教学方法的界定

关于"高校教学方法"的定义，学术界至今没有比较统一的观点，可谓是众说纷纭。潘懋元教授认为"高等学校的教学方法乃是教学形态的科学方法，是科学方法在教学条件下的运用，即是说，高等学校教学方法的本质是师生联系方式与科学方法的统一，也是教学方法的对象特点与学科特点的统一"。薛天祥认为"高等学校的教学方法是教师和学生为达到教学目的而共同进行认识和实践活动的途径和手段，也就是教师如何教、学生如何学的问题"。也有学者认为"高等学校的教学方法，就是高校教师在一定教学思想的指导下，引导和帮助学生如何科学地认识已有人类知识成果和学科前沿知识以及如何进行科学思维与探究的方法"。

通过以上表述可知，高校教学方法是一个多维概念，既体现出"教学方法"的基本涵义，又体现出"高校"的属性和功能。高校教学方法从属于整个教学方法体系，是"教学方法"的基本含义在高校教学领域的具体体现，由于高校教育对象的特殊性，高校教学方法又有着区别于一般教学方法的特性。有学者认为高校教学方法主要有三个方面的特点：师生共同控制信息的传递；教师教的成分逐渐减少，学生自学的成分随着年级的升高而递增；教学方法与研究方法的相互渗透和结合。根据高等教育的专门性和大学生身心发展的特点，笔者以为高校教学方法区别于普通教学方法的特殊性就表现为明确的专业指向性和与科学研究方法的接近性。

二、教学方法改革的迫切性及其必要性

目前，学术界关于高校教学方法改革的必要性和迫切性的研究相当多，研究者们从不同视角进行了深入的分析。周远清在首届大学教学论坛上指出"中国高等教育的教学方法太死，把所有学生都培养成一个模样，压制甚至扼杀了学生的个性。没有个性就没有创造性"。有学者指出"填鸭式的、布道式的讲课依然盛行"。钟秉林认为应从"信息化和知识经济的社会要求""现代教育思想和教育观念的确立""教学内容和课程体系的逐步优化""现代教育技术的应用"四个方面积极推进教学方法的改革。

综合已有的研究成果，可将高校实行教学方法改革的动因概括为以下几个方面：一是传统教学方法存在诸多弊端。传统"满堂灌"式的教学方法，忽视了学生的主体性、能动性和创造性，扼杀了学生的个性，不利于学生的全面发展，因此必须改革这种陈旧、落后的教学方法。二是应对知识经济时代现代科学技术迅猛发展带来挑战的必然选择。高等教育改革的迫切要求。三是教学方法改革是高校教学改革的重要内容，高校应该把教学方法的改革作为全面推行教学改革的重要突破口和切入点。四是现代教育观念和教育思想的确立，要求高校必须改革教学方法。现代教育技术的发展和推广应用。

在大规模的高校教学改革的影响下，我国高校教学方法的改革如火如荼地开展着。传统的"注入式"的教学方法受到普遍的批判，人们迫切要求在教学方法中融入新的元素，发现法、情境教学法、案例教学法等得到认可，并得以推广试行，也取得了不错的成果。然而，"由于近年来高等教育改革的热点在领导管理体制和完善思想政治教育方面，学校领导的精力主要集中在筹集资金以解决经费问题，因而教师的教学改革往往得不到重视与支持，难以坚持。虽然各级行政部门和学校举办过一些优秀教学评奖，临时总结了一些较好的经验，但缺乏系统的实验和整体提高，难以形成大家所公认的有科学性的教学方法"。张波等学者指出："教学方法的改革仍是滞后于其他方面的教学改革，其难度大、阻力大、改革进展相对小。"综合有关学者的研究，笔者认为当前我国高校教学方法的改革虽然取得了一些不错的成果，但从整体上来看，教学方法改革环节仍很薄弱，缺乏突破，需要相关部门给予高度重视。

学者们基于比较的视角对国外高校教学方法的改革进行了有价值的研究，其中，有学者指出，尽管各国的文化背景、教育传统存在差异，但面对相同的时代背景和

挑战，各高校在教学方法改革上还是会呈现出如下一些共同点：重视讨论和交流；重视合作学习；重视探究和创新精神的培养；注重个体化；重视采用现代教学技术。也有学者单独对美国研究型大学的教学方法改革进行研究后指出，美国研究型大学本科教育改革新动向是：以研究为基础的教学模式、以探究为基础的大学新生年、创造本科生的顶峰体验，构成贯穿其本科教育全过程的教学方法改革的核心内容。

三、高校教学方法改革的阻力

为什么高校教学方法的改革难度大？到底是什么在阻碍着高校教学方法的改革？学者们的观点是仁者见仁，智者见智，可谓是各有千秋。

有学者从主客观两个角度探讨了高校改革教学方法的阻力，客观因素主要有：政策支持力度不够；缺乏必要的物质保障；师资力量紧缺；各类评价指标中关于教学方法的评价标准模糊，缺乏可操作性；管理条框的约束等。主观方面的因素则包括认识理念上的因素、能力上的因素、管理上的因素等。丁三青学者则从宏观（理念）、中观（制度）、微观（技术）三个层面去寻找"病源"，认为当前阻碍教学方法改革的因素有三个层次十个方面：理念层次（观念上的陈旧狭隘、传统的思维模式、民主自由平等精神缺乏、畏难心态）；制度与管理层次（高校扩招对教学方法改革的负面影响、管理制度工具性严重、应试教育制度化、现行教学评估制度的缺陷、学校顶层管理的技术主义）；技术层次（现代教学技术的弊端）。也有学者认为，高校教学方法改革的阻力主要源于学校、制度和管理、管理者、教师、学生等方面。从学校看，教学改革，特别是方法改革没有引起足够的重视；从制度和管理看，工具性严重；从教学思想观念看，存在较多陈旧狭隘的观念；从管理者看，忽视教学的学术性；从教师看，缺乏培训和改革动力；从学生看，存在思维定式和学习惰性。

当前阻碍高校教学方法改革顺利进行的因素是多方面的，存在于各个角色和流程中，有理念的问题，有条件的问题，有技术的问题，也有管理和制度方面的问题，以及各方面的相互协调等。

四、教学方法改革的方向及应对之策

（一）改革方向

虽然各高校的具体情况不尽相同，但在教学方法改革的方向上表现出了大致相同的趋势。学者们对这个问题的研究较多，虽然表述不一，但总的来说，学者们对高校教学方法改革的方向有一些普遍的认同。

笔者在综合相关学者观点的基础上，得出如下结论：①在教学方法的功能上，由"授人以鱼"到"授人以渔"，由重视知识传授走向重视知识传授、能力培养与素质提高；②在教学方法的指导思想上，由"注入式"转向启发式；③在教学方法的结构上，由教师讲授为主发展为教师讲授和学生自学相结合，强调多种教学方法相结合，注重教学方法的整体改革和教学方法选择的最优化；④在参与主体方面，由单向性走向多向性，教法和学法相结合，由重"教"轻"学"转到重"学"；⑤充分运用现代化的教学技术和手段，注重多媒体的选择和使用；⑥在教学过程中加强理论和实践的结合，突破教学活动的空间限制，让教学走向"社会大课堂"；⑦重视教学活动的继承性和发展性，注意处理好二者的关系。

（二）应对之策

有学者认为，当前高校教学方法改革面临许多困境：一是教师投身教学改革的动力不足；二是扩招导致教学条件不足，尤其师资严重不足；三是教学内容改革存在着保守与冒进并存的不足；四是贬低讲授在课堂教学中的作用；五是用课堂效果等同于教学效果，唯方法而方法；六是忽视学生在教学改革中的作用。根据有关学者的观点，可将当前高校教学方法改革面临的困境概括为以下几个方面：政策上的支持力度不够；教师和学生对教学方法改革的认识上存在诸多不足；高校现有的条件和技术有限；各层次之间的协调配合不到位。

针对高校改革教学方法过程中面临的困境和误区，学者们在研究的基础上给出了行之有效的建议。综合起来主要有以下几个方面：第一，加快更新教育思想，转变教育观念，以更好地指导高校教学方法的改革；第二，对广大教师进行专门的教学方法的培训，提高他们运用教学方法的能力；第三，改革教育管理体制，给教学方法的改革提供一个相对宽松的环境；第四，多开关于教学方法的研讨会，改进对教学方法成果奖的评审工作，加大对成功教学方法宣传和推广的力度；第五，发挥学生在教学方法改革中的重要作用，提升他们适应新型教学方法的能力；第六，学校必须提供必要的物质和制度保障；第七，尽快地实现教学考核的规范化、制度化、科学化，把教学方法的改革作为教学考核的一个重要内容。

纵观国内外关于高校教学方法改革的研究，可以发现，研究的面很广，除上述那些方面，还涉及学科教学方法改革、素质教育要求下的教学方法改革、现代科学技术发展对高校教学方法改革的要求等，这些研究都取得了很大进展，对高校教学方法改革的实践提供了一些很好的帮助，但当前的研究也存在着诸多不足，亟待改进。

有些方面的研究不够深入，仅限于表面，没有深入挖掘，如对高校教学方法改革面临的诸多困境及其原因的研究就有待进一步加强。对高校教学方法改革进行研究的目的就是更好地指导实践，推进高校教学方法改革，但现状是理论研究较多，而可操作性的实证研究却很少，这样研究就缺乏针对性，无法给高校和教师提供有效的可操作的建议，从而无法改变高校教学方法改革僵化、停滞不前的局面。教学方法改革不仅要注重创新，而且应重视继承和借鉴，继承传统教学方法中的精华部分，借鉴国外高校教学方法改革的有益经验，但目前研究国内高校教学方法改革的较多，研究国外的却是凤毛麟角。

高校教学方法改革关系到高校教学改革的进展，关系到高校的教学质量，关系到人才培养的质量，进而关系到整个社会的文明程度，关系到国家的综合国力和国际竞争力。因此，对高校教学方法改革进行更深入的研究是非常有必要的。

第二节　高校教育教学方法改革创新理论研究

一、教学方法内涵的理论问题分析

第一，持有这种观点的理论界人士错误地把教师在选择教学方法时应综合考虑学生实际的学习规律这一行为与学习方法混为一谈；第二，这些人还错误地假定学生原来使用的学习方法是正确的，并没有考虑这种假定是否能站住脚。其实，教学方法在西方教育界被定义为教的方法"method of teaching"，而不是将其称为教与学的方法"method of teaching and learning"，因此，我国的教育界人士应参考国外的先进理论知识，正确认识教学方法的内涵，这样才能为我国高校的教学方法改革提供理论依据，而不是造成思想上的混淆。当然，参考国外先进的教学方法理论，并不是一味照搬，而是应综合考虑我国国情，对其进行一定的改造，使之更符合我国国情，这样才能更好地对我国的学生进行良好的教育，促使我国早日成为教育强国。

二、教学方法性质的理论问题分析

当前，在课程改革背景下，在教育界经常会听到诸如"教学方法过于滞后""优化并改革传统的教学方法""改变陈旧的教学方法"等论断。这些论断表明，在我国教育界很多人的思想认识中，教学方法是有优劣高低之分的。其实不然，我国现代著名教育家叶圣陶曾经说过："教学有法，教无定法，贵在得法。"这句话就充分说明了教学方法并无高低贵贱优劣之分，只要使用恰当，任何方法就是好的教学方法。

但在当前的高校教学方法改革中，常常有教师会提出这样的问题："在XX教学中，哪种教学方法最好？"这句话充分显示了在这些教师的心目中，教学方法有好的，也有不好的。这种思想虽然并没有什么不对的地方，但过于机械，因为每一个教师在一堂课的教学中都不可能仅仅采用一种教学方法。另外，教学方法滞后的说法也并不是意味着教学方法本身陈旧、滞后，具有优劣高低之分，而是指教师在采用这些教学方法时所持有的教学观念是陈旧的、落后的，只有在这种陈旧、滞后的教学观念引导下，这些教学方法才无法发挥出应有的作用。例如，在高校的英语教学中，可能某种教学方法效果极佳，但如果将这种教学方法运用到思想教育中，可能就无法取得理想的效果，相反，可能对英语教学无用的教学方法却在思政教育中发挥出巨大的作用。这就说明，任何一种教学方法都有其自身独特的作用，只要抓住这种教学方法的精髓，教师再结合自身的特点开展教学活动，就可能获得巨大的成功，就可能成为一种有效的教学方法。因此，在实际教学中，教学方法并没有什么高低贵贱和优劣之分。

三、高校教学方法特殊性的理论问题分析

当前，在我国教育界，对于高校教学方法是否具有特殊性的认识已经达成了共识。高教理论界普遍认为，相较义务教育和高中教育，高校教育的教学方法具有较大的差异。但在谈及这种特殊性的具体表现时，高教理论界却具有较大分歧。很多学者认为，在高校的教育中，因为当前我国经济发展已经进入新常态，社会对人才的需求发生了极大的改变，并且高校的人才培养目标发生了较大的转变，教的比重逐渐降低，实践的比重越来越高，因此，教学方法应越来越重视实践教学。但在实际教学中，义务教育阶段和高中教育阶段也都十分重视实践教学，并开设了综合实践教学课程，因此，这种观点并不妥帖。有的学者认为，当前的高校教学，更加重视信息化教育，很多教师借助信息技术手段，纷纷采用翻转课堂教学模式，使"教"的比重越来越低，学生自主学习的比重逐渐增加，并且学习的方法逐渐由再现式转变为探究式，这就是高校教学方法特殊性的显著表现。但根据笔者在前文关于教学方法内涵的阐述，这种特殊性的理由是站不住脚的。还有部分学者认为，在高校教学中，教师采用的教学法由过去的"灌输法""传授法"转变为指导法，是高校教学方法

特殊性的显著体现。但根据笔者在教学方法性质中的分析可知，教学方法本身并没有高低贵贱和优劣之分，这种观点显然也是站不住脚的。因此，要认识这种特殊性，笔者认为，高教理论界的学者应对高校与义务教育及高中教育最基本的特点进行分析。根据我国相关教育学者对高等教育阐述归纳的两个基本特点，即专业教育和学生身心发展的特点，能明显地体现出高校教育中教学方法的特殊性：首先，高校专业教育的特点。当前我国各大高校最大的特点就是其培养的学生是我国社会各行各业所需要的、专门的人才，学生学习的都是专业的知识，具有很强的专业针对性，同时更具探索性；其次，高校学生身心发展的特点。高校的学生在生理和心理方面已经趋于成熟，对事物的认识更加深刻，也更加理性，因此，他们学习知识不再是简单的对知识进行吸收，并形成一般的能力，而是更加深入地探究科学知识，掌握科学的方法论及构成思想基础的方法。基于以上两点，高校的教学方法需要具有更加明确的专业指向性，更接近于科学研究的方法，而不是像义务教育阶段和高中教育阶段的教学方法。因此，高校教学方法改革的目标必须向着这个方面前进。

四、教学方法的归属理论问题分析

分析完高校教学方法改革的内涵问题、性质问题和特殊性问题以后，我们还必须分析一下教学方法的归属问题。在教育理论界，教学方法是归属于科学还是艺术，是一个很古老的课题，直到今天，人们仍然没有达成共识，在认识上仍有较大分歧。这一问题对教学方法的改革却有极大的影响，并影响着教学方法改革的方向。如果完全将教学方法归属于科学领域，是行不通的，因为很多时候，教学方法在使用中的艺术性占了十分显著的位置；如果将其归属到艺术领域，同样也是行不通的，因为教学方法都有固定的模式，必须遵循一些同性的要求和实施的步骤。因此，我们不能简单地将其进行归属，而是应该辩证地看待其科学性与艺术性，在掌握教学方法同行和普遍性的基础上，追求个性化和创造性，也就是所谓的"熟能生巧"，在熟悉和掌握的基础上，对教学方法进行创造性的运用，这样才能更好地促进高校教学方法的改革，提高教学的质量，从而培养学生的综合素质与能力，为他们未来的发展奠定坚实的基础。

第三节　实践教育教学方法改革与创新

什么是"真题"化实践教学？即实践教学的内容取自于现实社会亟待解决的真实课题。本科生参加科研，在我国还比较少见。美、英、法、德等发达国家高校的实践教学与社会经济发展同步，与科技进步同步，与企业生产和政府及社会组织的需要紧密结合，实验项目、毕业设计、论文、调研报告等大多来自工厂、企业和社会组织，有很强的针对性和现实性，有些项目还是有偿的。这种先进的办学理念和经验，值得我们学习和借鉴，应当说，它可以破解当前我国高校实践教学改革的关键问题。新时期以来，黑龙江大学文学院在实践教学改革方面做了有益的探索，即以社会实践方面的课题，促进教学质量的提高，取得了较好的成效。本节就我们进行的教改实践进行分析、探讨，提出进一步开展实践教学改革的措施，力求促进它的良性发展，为大学生的创业创新开辟最佳途径。

一、全面提高大学生的综合素质

"真题"化实践教学好处何在？用一句话概括：全面提高大学生的综合素质，增强大学生的实践能力和创新能力。

开启心灵之门，铸造灵魂。我国的高等教育，一向重视学生人文精神和人文品质的培育。著名教育家北京大学校长蔡元培、著名教育家南开大学校长张伯苓都积极倡导并躬身践行。他们都热情支持并组织开展文学社团和戏剧社团等社会实践活动，创作了许多优秀作品，创作演出了许多优秀剧目，成为中国现代文学史和中国现代戏剧史的佳话。张伯苓曾指出，从戏剧里可以得到做人的道理，会演戏的人，将来在社会上必能做事。纪录片《百年南开》的实践证明，事实果真如此。"南开剧社"创作演出了许多名作，培养了曹禺等著名作家和表演艺术家，也培养了不少老一辈革命家和其他优秀人才，有的还成为党和国家的卓越领导人，周恩来当年就是这个剧社的积极参与者。老一辈教育家把学生的社会实践视为开启心智、塑造灵魂的大事，让其在实践中受教育，终生受益。当前，在计划经济向社会主义市场经济的转型期，在商品大潮的冲击下，在不正之风的侵蚀下，某些传统的价值观念遭到扭曲，不少青年学生对人生、理想、前途等感到迷茫和困惑，特别需要开启他们的心灵之门，廓清迷雾，为其指出正确的人生航向，让他们懂得人应该怎么活，人生之路应该怎么走，怎样才能度过最有意义的一生。学校组织的报告、讲座等活动，对此都有积极意义，但最直接、最根本、最实效的教育就是引导他们参加社会实践。

打开智慧之窗，激发创造力。俗话说，实践出真知，实践出智慧，实践增长才华。大学生要提高创新能力，就必须参与社会实践，在实践中打开智慧之窗，在富于创造性的思维活动中，收获智慧之果。这种实践活动越深入，学生的思维活动就越活跃，而活跃的思维，必然提升学生的创新能力和水平。

参与现实斗争，激发学习兴趣。俗话说，兴趣是最好的老师。屠呦呦等学者科学家之所以能淡泊名利，几十年如一日地从事研究工作，一个重要原因是他对这门学科有浓厚的兴趣。提高大学生的学习质量，就要培养他们的学习兴趣，而社会实践就是培养学习兴趣的最佳途径。

练就过硬本领，接受社会的选择。现在大学生就业难，除了人才供大于求这个矛盾，就是学生动手能力差，缺乏实践经验。有的理工科教师说，学生必须具有动手能力，给他一块钢，他要动手将其造出剪刀或其他刀具，这当然是对的。但这还不够，现在是市场经济，大学生要接受市场经济的选择和考验，就是说，他们生产的剪刀要经久耐用，物美价廉，因此，大学生必须具有过硬的本领和能力。刀在石上磨，钢在火中炼，获取过硬的本领只能靠实践。

为创业创新打下良好基础。现在，党中央提出"大众创业、万众创新"。这是一个极其英明、极具号召力的口号，它动员全国人民施展才华、奉献智慧，建设富有现代文明的繁荣昌盛的国家。无疑，大学生应成为它的主力军和先锋队，社会实践就是实现这一目标的良好途径。同学们在社会实践中经受了锻炼，开阔了视野，社会经验更丰富了，头脑更睿智了，思维更活跃了，拼搏精神更顽强了，提高了调研能力、公关能力、运筹策划能力，为其走向社会创业创新做了成功的尝试，打下良好基础，相信他们定会创造出优异的业绩。

二、深刻而多元的启示

开展"真题"化实践教学，我们有多方面的深刻启示：那就是要做到"一个坚持，两个过硬，三个调动，五个结合"。所谓"一个坚持"：就是坚持不懈地进行教学改革，千方百计地提高学生的实践能力和创新能力。"两个过硬"：要求教师必须有扎实的基础理论修养，具有过硬的运用理论解决实际问题的能力；还要有过硬的根据学生的个性特点因材施教的辅导能力。

三、宽广开阔的教改之路

"真题"化实践教学效果如此之好，为什么在我国高校没有形成潮流，需要采取哪些政策和措施才能使其蓬勃开展从而取得更大的成绩呢？

提高认识，走出观念的误区。首先，要破除"基本理论一次完成"的偏颇观念。学术研究的实践证明，一个人的成就往往与其基本理论的水平成正比，基础理论越扎实，成就就越大；反之，亦然。但基础理论的学习不是一次可以完成的，需要在反复实践中加深、加牢。许多教师和教育管理者，怕影响基础理论学习而不敢开展实践活动，这是必须破除的。其次，要破除封闭的教学质量观。许多高校领导满足于课堂教学和作业、实验的好成绩，这是一种封闭的、静态的教学质量观。不少高校毕业生在校期间学习成绩良好，但走向工作岗位却业绩平平，其中一个重要原因是他在校的学习成绩没有受到社会实践的检验。因此，高校管理者必须树立开放的、动态的质量观，"是骡子是马拉出来遛遛"，要敢于到实践中去检验教学质量。一位伟人说过，"批判旧教育，如泼洗澡水，不能把孩子和污水一起泼掉"。显然，这些同志是因噎废食，不可取。在扎扎实实进行基础理论教学的同时，搞"以任务促教学"，应是一个正确的选择。大学生毕业走向社会，是重要的人才资源，要充分发挥他们的作用，这是没有异议的。

加强对大学生社会实践的领导，建立由教育局牵头，地方政府、高校、院系的科学有效的运行机制。省市教育局要在地方政府的支持下，向政府有关部门和企事业单位、社会团体等征集项目和课题，高校和院系根据自身特点和能力承担课题和项目，省市教委有关部门进行督促、检查、协调及总结经验等工作，以使大学生的社会实践越做越好。建立大学生社会实践基金会。由教育局牵头，政府出一点，企业赞助一点，受益单位支持一点，为大学生实践活动筹集资金，保障活动的健康发展。

总之，必须提高认识，做好课改。20世纪70年代高校开展的开门办学，尽管有理论教学不足的缺点，但与当今高校的社会实践相比，在获得社会支持这一点上，具有显著的优势，因此，教委和有关部门发文件，动员社会各部门、各单位支持高校的实践教学改革是必要的，是难能可贵的。

第五章 高校网络教育教学改革

第一节 网络教育资源的应用对高校教学的影响

网络教育资源的全面覆盖是国家发展和高等教育发展的大势所趋，网络教育资源在高校教育中的应用凸显新的问题和挑战，其发展的速度和影响重塑了高校教师、学生和教学管理三方的观念，高等院校作为国家和社会人才培养的核心单位，要尽早客观地面对由网络带来的冲击和改变，尊重学生自主选择和个性发展，注重学生的创新能力的培养和合作能力的培养，为师生在新形势下提供更大的专业能力发挥作用，进而营造和谐、向上、奋进创新的高校文化氛围。

《国家中长期教育改革和发展规划纲要（2010—2020年）》第十九章"加快教育信息化进程"指出："信息技术对教育发展具有革命性影响，必须予以高度重视。加强优质教育资源开发与应用，加强网络教学资源体系建设，引进国际优质数字化教学资源，开发网络学习课程，建立开放灵活的教育资源公共服务平台；促进优质教育资源普及共享，创新网络教学模式，鼓励学生利用信息手段主动学习、自主学习，增强运用信息技术分析解决问题能力。整合各级各类教育管理资源，搭建国家教育管理公共服务平台，为公众提供公共教育信息，不断提高教育管理现代化水平。"

生活中的网络化已经改变了我们的消费习惯和生活方式，而网络教育资源使我们在获取知识的途径上发生了翻天覆地的改变，由网络带给我们知识的宽广性和专业性，是传统教学无法想象的。网络教育资源具有"多样性、便捷性、共享性、时效性、交互性"的特点，这些特点势必将高校带入高速发展的道路上，高等院校作为国家教育体系中的上层，必须洞悉社会发展带来的变化，与时俱进，根据技术的发展改变教学模式和教学理念，将现代教育技术同社会发展有机结合。网络信息化技术在高等教育中的应用，给高校教育领域带来新的发展机遇，网络教育资源在高校的主要形式是网络课程，这种新型教学模式与传统课堂教学相比，具有资源共享性、学习的自主性、课程结构的开放性、学习的协作性等特点。全国、全省各高校运用网络教学模式的院校逐年增多，课程购买量大幅提升。这些充分印证了网络教学在教学课程模式改革、鼓励学生自主学习、降低教学成本、弥补教学资源不足和分配不均等方面所起到的积极作用。

一、网络教育资源在高校应用的现状

目前我国各高校校际的信息资源共建共享工作取得了较大的成功。各高校为实现信息资源的共建共享进行了不懈的努力，如建立各种图书馆联盟、中同高等教育文献保障系统（CALLS）、中国高校人文社会科学文献中心（CASHL）、国家精品课程资源网。其中国家精品课程资源网是教育部质量工程项目，网站集中展示了4000 多门国家级精品课程和 2400 门国外 Open Course Ware 课程，为广大教师和学生提供了广泛的教育教学服务。但是从高校网络教育资源的建设情况看，教育资源缺乏整体规划在建设、利用、管理方面存在一些问题，导致信息资源分散、利用率低等诸多问题。

高校网络通识性课程虽然选取较多，但是专业课程难以选择。网络通识课程涵盖高校必修课程或基础课程，这类课程要求基本一致，便于在网络教育资源中寻找出优质的课程资源。但是对专业课程很难选择，由于资源质量水平参差不齐，开发利用的广度和深度不足，许多资源不能满足不同高校的专业教学需求，资源利用率不高。

学生学习积极性高，但是学习成效不理想。网络课程的开设，从学习形式上对学生具有很强的吸引力，但是在学习过程中对信息的分辨、获取、加工、整合能力很不足。同时，多数网络课程是将传统文本课程与计算机网络技术相整合，搭建或利用教学平台，填充教学内容，依然用"线上"的手段做"线下"的工作。缺乏对网络课程这种授课形式的思考和创新，缺少对学习过程的设计、指导和监督。学生学习自觉性显得尤为重要。另外，网络课程的考核机制还有待完善，选修网络课程还存在以"混学分"为目的的学习。

课程资源有限，无法真正满足个性化的需求。学生线上的自主学习很容易、很便捷。但是高校实际认定学分的课程由于管理成本、课程大纲、专业的要求等方面限制，只能开设一定数量的课程，还无法充分满足个性学习的需求，对网络课程的选择与专业课堂授课之间还需要进一步统筹兼顾。

教育资源与知识产权之间仍存在矛盾。尽管我国政府和各行业在积极探讨互联网知识产权相关法案制定，目前如何界定网络知识产权本身还是一个模糊的概念，还存在如何客观地协调和平衡知识产权的专有性与网络教育资源共享的开放性之间"度"的矛盾问题，这个问题始终是影响教育资源建设的一大难题。

二、网络教育资源重塑"教师、学生、管理"三方的观念

网络课程从教学角度可以分为三种类型：课堂授课型、自主学习型和协作研究型。从授课形式上看，其发展路径：最早通过网页提供教学资料、远程网络授课，之后发展为要求学生通过电子邮件、公告栏、网上练习进行双向交流，到现在MOOC（Massive Open Online Course）的出现，让人们看到信息技术与高等教育深度融合的端倪，MOOC的大规模应用创造了一个全新的、公平的教育模式，开始真正关注学生个人和社会现实的需求，反映了自主学习和终身学习的教育价值取向，加快了高等教育大众化和国际化的进程。它作为一种新颖的网络化课程学习模式实现了教育要尊重差异，使学习者自我选择并生成个性化发展的这一优势特征。

教师转变观念。获取知识的方式发生改变，教师群体分工趋于专业化和多元化，失去知识垄断性的教师靠什么留在课堂，靠什么留住学生。单纯提高专业知识已经很难适应这种变化和社会需求。教师要转变观念，认识到自身已经不是学生知识的唯一来源；教师要转换角色，从学科纸质的传授者变革为引导者、辅助者、促进者和评价者，教师的角色从传统的指令性教学转向建设性学习服务。教师要加强学习，迫切需要发展信息化教学能力，提升自身的数字媒体素养。

学生终身学习观建立。网络教育资源打破了知名大学的围墙，为普通民众学习世界上最优质的教育资源打开了大门。知识爆炸性的冲击，使学习知识更为容易，它重塑着人类的思想方式和行为模式，让网络化的社会教育和终身教育得以实现，推动了高等教育理念向着民主化和社会化的转变，拓展和强化了高等学校人才培养的社会化服务职能。

教学管理服务化。网络教育资源的广泛，获取知识比以往更容易，知识观点"新奇特"对师生的影响，为高校教学管理提出了新的要求，如何加强对网络教育资源的引入和管理，如何让师生在新形势下认识到教育的目的仍然是促进学生的发展，所以衡量网络教学资源的有效性，一定要将学生的发展作为评价的核心标准。高等学校教学模式需要从以"教"为中心向以"学"为中心转变，以课堂教学为主向课堂内外相结合转变、以结果评价为主向过程、结果评价相结合转变，从而达到师生互动、课堂内外互通、结果过程互融的新境界。

三、网络教育资源的发展前景

网络教育资源在高校中的应用对传统教育体制、教学思想、教学目标、教学手段和方法及人才培养方面都带来了很大的冲击。网络教育资源这种形式对高等教育的影响，让我们回归到对教育本质的思考。北京师范大学余胜泉教授所说："在大数据的支持下，未来学校的形态相对于靠外部指令而形成的他组织来讲，更是一种自发形成的自组织。"选择性、个性化、精准化将成为未来学校教学管理方式变革的基本趋势。

传统课堂模式淡化、课堂内学时制度的不断灵活；教学内容个性化，学生评教网络化；教学管理服务化，趋向于提供便利、灵活的服务。高校提供更多的学习资源，创造宽松的学习环境，将自然科学、人文科学、社会科学有机结合，尊重学生的自主选择，尊重学生的个性化发展，注重通识教育，注重学生的创新能力的培养和合作能力的培养。也许今后高校培养的人才将更少的具有"母校气质"，而是呈现出学生素质的整体提高。

国家提出高校要加强优质教育资源的开发与应用，促进优质教育资源的普及共享。网络教育资源的全面覆盖是大势之趋，"十三五"期间，要按照"构建网络化、数字化、个性化、终身化的教育体系，建'设人人皆学、处处能学、时时可学'的学习型社会"，教育信息化不仅是教育手段的变革，更是教育理念、教育体制、培养模式、教学方式和内容的变革。教育信息化是信息时代教育改革与发展的突出标志，更是信息时代推动教育变革与创新的重要动力和途径。高等院校作为国家和社会人才培养的核心单位，要尽早客观地面对由网络带来的冲击和改变，适应网络化对高校教育的影响，并积极引导和发扬网络化的优势，规避网络化和网络教育资源应用带来的种种弊端，通过教学管理，为师生在新形势下提供更大的专业能力发挥空间，进而营造和谐、向上、奋进创新的高校文化氛围。

第二节　基于网络教育的高校教学模式

在经济迅速发展的今天，要想更好地融入社会，在工作上拥有出色的水平，就必须确保学生能够将知识"活学活用"。网络教育是目前比较流行的一类教育方法，但表现为"毁誉参半"的状态。有些人高度认可，有些人完全否定，还有一部分人持有观望的态度。基于网络教育的高校教学，已经成为当前的重点讨论内容，我们需从客观、主观两个方面着手，完成高校教学模式的新转变。

一、网络教育分析

当前的教育模式分为很多种，网络教育也被称为远程教育。从已知的文件来看，教育部所出具的相关条文中，网络教育隶属于成人教育学历的一种，能够运用电视、互联网等方法，促使学生不用局限在某一个空间、地点中，随时可以学习，并且能够根据自己的需求来选择课程。从主观的角度来分析，网络教育充分满足了成人教育的各种需求，其人性化特点非常明显。但该种教育方法的劣势也是比较突出的，其依赖于网速、系统等媒介的传播。同时，如果想要将其应用到高校教学中，很容易对多年建立的教学模式造成严重的破坏，二者的冲突、矛盾都将对学生和教师产生极大的影响。所以，在整体分析后认为，网络教育是一种新型的教学模式，但自身的体系、方法还是有待健全的，未来提升的空间较大。

二、高校教学模式分析

目前，我国发展进入了一个非常重要的时期，社会对人才的需求非常强烈，任何一个方面出现问题，都将对高校教学产生极大的影响。在传统模式的影响下，课堂教学、导师引导教学、社会实践教学等，均成为教育界认可的方法，取得的效果突出。可在新兴的网络教育影响下，部分学生开始转入"网络学习"的阵营，根据自己的兴趣爱好来选择。此时，高校教学模式的掌控方向不再明确，教师与学生的看法也不再统一。从教育的角度来分析，传统教育和网络教育隶属于不同的学习阶段，二者本质上没有冲突，但方法和媒介的不同，导致教育模式出现了很大的问题。高校教学模式想要进入到新的时代，单靠主观上的认知是不够的，还必须在客观的操作上、教学上、成果上进行努力，只有要让社会看到网络教育的希望，看到高校教学模式的新进展，才能获得较多的拥护。

三、基于网络教育的高校教学模式

面对教育的新要求和社会上的新标准，基于网络教育的高校教学模式几乎是必然的结果。我们的工作在于，要让这个结果变得容易接受，减少消极影响，扩大积极作用。从网络的角度来分析，其本身就是非常复杂的环境，充斥着各种各样的诱惑。

当前的任何一个网站，几乎都存在广告，同时还具备不同的应用内容，这些都将对教育产生影响。高校教育的一项"铁定原则"在于，必须让学生在良好的环境下学习，减少不良诱惑。因此，基于网络教育的高校教学模式，需深入研究。

教学环境的网络化。我国教育部门充分意识到了高校教学模式亟待转变，网络教育虽然是一个很好的契机，但在把控上并不容易。从现有发布的条文和政策来看，《国家中长期教育改革和发展规划纲要（2010—2020）》的战略调研报告《教育发展保障条件与机制研究》在对教育信息化现状的研究中指出：所有的高校，都必须建成良好的校园网络，师生的人机比例应达到1.6：1。当前的高校教学，大多数都在采用信息技术来改进教学的方式，虽然成果明显，但速度较慢。经过统计发现，53%的课程教授，都会运用多媒体的方法；52.7%的高校，建设了与自身相匹配的网络教学平台、辅助教学平台。由此可见，教学环境的网络化，可以作为高校网络教育模式转变的有效途径，关键在于如何建立、如何实施。多媒体虽然是现阶段广泛应用的教学手段，但是已经表现得非常普及。高校网络平台的建立，虽然奉行了"网络教育"的原则，但在技术上、手段上仍然表现为缺失的状态，因此不能有任何的忽视。日后，教育环境的网络化必须要进一步地提升，在多方面提高教育环境的水准，增加内容，强化手段，促使学生和教师的沟通更加自然。

加强自主学习模式。高校教学的开展、实践，本身就是让学生在一个广阔的平台上发展。网络教育的融合、利用，则是更大限度地提升了高校平台的水准，以此来实现学习内容的增加和学生能力的提升。笔者认为，基于网络教育的高校教学模式，未来需在"自主学习"方面有所加强。高校学生是即将步入社会的工作人员。面对万千诱惑的花花世界，教师过分地限制学生，肯定会造成与社会脱节的情况，这也是导致就业难的原因之一。通过网络教育的融合，加强学生的自主学习，完善高校教学体系和方法，促使人才培养朝着多元化的方向发展。例如，在高校网络教学中，除了修习规定的科目和课程，学生可根据自己的时间安排和学习目标，自主选择一些其他的内容，强化能力的提升。某些高校对学生要求严格，连选修课都是校方安排的，直接导致学生的能力和知识受到限制。高校网络教育就是要不断地突破既有的方法和规范，加强学生的自主性，从而为学生的未来发展谋取更大的空间。

高校网络教学案例分析——人人网。随着网络教育观念深入人心，高校教学模式不可能长久地坚持传统思想，而是要借助潮流的作用，进行顺势而为的操作。人人网是高校网络中比较流行的一个网络平台，始建于2005年12月。人人网集中定位于大学生群体的SNS网站，为大学生提供了强大的互动、交流平台。从优势上来分析，该网络是以真实身份注册的，弥补了传统社交软件的不足，确保网上用户和现实身份高度统一。利用人人网进行高校网络教学，实现了以下几项内容：第一，每一个学生都是用真实身份注册的，避免了"鱼龙混杂"的情况。利用人人网上的一些应用内容，强化了学生与老师的交流，完成了教学沟通水平的提升。第二，校方与人人网进行合作，利用"人人桌面功能"，在师生教学、学生讨论、老师探讨等方面提供了广阔的平台，且每一个应用内容可同步进行，不会出现较多的冲突。第三，人人网的高校网络教学中增加了很多的传统要求。包括点名机制、提问机制等等，避免有些学生的"挂号行为"，确保网络教育与实地教育是高度统一的，减少外部因素造成的不利影响。第四，人人网对广告筛选非常严格，不会轻易地弹跳出购物类网站、视频网站、病毒网站等，在环境上符合网络教育、高校教育的要求。从以上的表述来看，基于网络教育的高校教学模式，在可行性方面、教学效果方面都比较突出，未来可以大胆地实践。

　　本节对基于网络教育的高校教学模式展开讨论，从目前掌握的情况来看，很多学生对此种教学模式是比较认可的，教师则在接受程度上有所提升，总体上的进步比较明显。今后，高校需要对网络教育、高校教育进行深入的分析和研究，减少媒介造成的不利影响，提升教学成果，培养出更多的有用人才。

第六章 高校教育教学的策略创新

第一节 高校教育教学课程创新

一、创新课程理念加强课程的人本性建设

当今的时代是充满竞争的时代，核心的竞争是人才的竞争。人才的成长主要靠教育，教育在人类生活的重要性也越来越被人们所了解。1993 年，中共中央国务院在《中国教育改革和发展纲要》中指出："当今世界政治风云变幻，国际竞争日趋激烈，科学技术发展迅速。世界范围的经济竞争、综合国力竞争，实际上是科学技术的竞争和民族素质的竞争。从这个意义上说，谁掌握了 21 世纪的教育，谁就能在 21 世纪的国际竞争中处于战略主动地位。"

教育应该把人的发展放在第一位。21 世纪，整个社会所需要的人才是智慧型、复合型、创造型的人才，要求培养高素质、高能力、高水平的人才和数以亿计的一般人才，而不是单纯的传统的知识型人才。美国著名未来教育学家沙恩指出："我们的学生在未来要经历两次大浪潮，即微电子技术浪潮和信息预测浪潮，以信息为依据的预测和智慧，将变得比知道如何获得信息更为重要。"所以说，智慧比知识更为重要。21 世纪的人才应该具有合理的知识结构和充分的智能，具有创新精神和创新能力、事业心、开拓精神和合作精神，具有高尚的人格和优秀的个性品质。21 世纪，人的发展是最为重要的，课程理念应该改变，把人（学生和教师）的发展提到核心地位予以认识和宣扬，树立"人本理念""人的发展"代替以前的"学科本位""知识本位"的提法，应强调学习过程中的"态度""价值观""兴趣和经验"以及"实践能力"等。

课程的发展变革应该为教育目的服务。高校课程理念、课程体系价值取向应该以人的发展需要为基础，要建立新的课程体制，统一、单调、固定的课程设置为灵

活多样的、既有理论又有实践的课程设置。在课程中，要坚持以人为本，并充分利用多媒体进行形象化教学，要从强调内容向强调过程转变，从强调积累知识向强调发现、重视创造、发展能力、形成素质转变。以学生的发展为本，培养创新精神和实践能力为课程理念是时代的要求。加强课程的人本性，建设以人为本的课程体系具体可以从以下方面入手。

（一）符合人的认知规律，重视知识的逻辑顺序和层次结构

教育的目的性和计划性首先体现在课程的设置与编排之中。课程设置和编排的基础，是对知识结构的规划和设计。因为，人的发展的各个方面，都是以"知"为起点的，不论是智力、能力、技能、技巧也好，还是情感、兴趣、态度、动机、意志也好，更是理想、信念、道德和审美观也好，都离不开"知"，都要从"知"开始。科学的世界观的形成，更离不开知识和经验，离不开一个人对客观世界和人的主观世界的系统认识。课程的设计和编排就是要着眼于形成学生的某种知识结构，以此作为学生全面发展的知识基础。

按照认知心理学家的看法，认知结构是由知识内化而形成的。它不是简单的记忆和接受的结果，而是经过了思维的创造性加工改造，并形成了相应的智力技能、操作技能和行为习惯。那么，教材要选取什么材料才能塑造学生的合理的结构呢？奥苏贝尔认为，首先必须找出那些决定学科基本结构的"强有力的观念"，确定学科中特定的组织和解释性原理。用布鲁纳的话说，就是要重视学科的基本结构。

课程设计中之所以要强调学科的基本结构，是由于学科基本结构对于学生的学习具有特殊的心理学意义。第一，掌握学科的基本结构有利于学生理解学科的内容。在新异的学习情境中，通过由一般概念原理到具体内容的演绎性教学模式获取新知识比归纳获取新知识要省时、省力。学生认知结构中一旦有概括水平高于新知识的原有固定观念，新观念和新信息的获取与保持才最有成效。第二，掌握学科的基本结构有助于学生记忆的保持与检索。人类记忆的主要任务不在于贮存而在于检索。只有把一个个材料放进"构造得很好的模式"里，材料才能因得到简化而拥有"再生"的特征，学生一旦掌握了学科的基本概念，就能简化信息，减轻记忆负担，并产生新命题，推演出大量新知识。第三，掌握学科的基本结构有利于学习的迁移。学科的观念越是基本，几乎归结为定义，则这些观念对新问题的适用性就越广，越有利于后继学习。确定学科的基本结构，必须考虑学生的学习准备。这一方面是知识的准备，更重要的是认知发展的准备，即由一般认识成熟程度决定的学生从事新的学习和一定范围的智力活动所应具备的认知功能的基本发展水平。布鲁纳虽然宣称可

以将任何事物以适当的方式教给任何年龄阶段的任何人，但他同时也十分重视学习的准备。他认为，如果过早地将不适当的知识结构教给学生，超越了他们认知发展的水平，学生的认知结构就会"闭合"，反而不利于他们今后获得更适当的学科知识结构。因此，课程的选择和编排既要符合教学规律，又要体现大学生身心发展特征；既要按照一定的程序将完整的知识提供给学生以保证教学的系统性和循序性，又要按大学生的年龄特征来筛选课程以保证学习的量力性和可塑性，学科内容的体系是学生学习该门课程的逻辑线索，应以有关科学的体系为基础，处理好课程关系的"四个性"：①理顺课程的承续性（先行或后续课程）；②注意课程内容的过渡性；③重视课程结构的整体性；④实现关键课程的不断线既同时，教学是特殊的认识过程，教学规律必须符合学生的认知规律。古人言"欲速则不达"，课程偏多或偏少、过难或过易、"吃不了"或"吃不饱"，均会影响学生的发展，从而达不到教育的目的。大学生属于"中晚期青年"，身心发展趋于成熟但尚未成熟，具备了掌握系统科学知识的充分条件，且可塑性强。因此，课程设置的起点要适当，台阶要小，每学期课程门数要安排适当，不宜过多，主要理论课的门数和时间不要过分集中，要给学生自学和独立思考留出足够的时间和空间。

（二）符合人的个性发展规律，设计个性化培养的课程体系

课程设计的实质是设计学生的学习活动，其最终目标是促进学生个性和谐而充分地发展。在学校教育中，学生个性发展的全面性取决于学生学习活动类型的完整性。课程设计要实现其最终目标，就必须遵循功能完备原则，即将人类活动的各种基本类型完整地纳入学生的学习活动体系，以促进学生个性的整体发展。高校教育的课程设计，既要遵循这一原则，也要和自己的专业教育相适应，如何将自己的学科、专业范围内的知识结构展现给学生，让学生根据自己的特长爱好选择自己的发展方向，是个性化培养的一个前提。

个性化课程组织强调个别发展，以学生的需要、兴趣和目的来进行课程的组织。它有两个特征：一是以个别学生而不是以内容为其组织的线索；二是不预先计划，而是随教师和学生一起进行教学任务（常常称为"生长"）而演化形成的。这种组织的主要有以下三个特征。

第一，课程的结构由学习者的兴趣和需要来决定嗷这意味着是学习者自己直接感觉到需要和兴趣，而不是由设计者来考虑学生需要什么或他们的兴趣应当是什么。

第二，只有当教师和学生一起确定追求的目标，规定查阅的资料、计划实施的活动以及安排评定的程序时，课程组织才会形成。

第三，把重点放在所学习问题的解决过程上。追求兴趣的过程中，碰到某些必须解决的困难和障碍构成真正的、学生渴望接受挑战的问题。

这种课程培养学生的个别差异，强调的是解决问题的活动，我国高校教育的课程改革，曾经有过"产品带教学"的经历，但这种形式绝不是个性化教学的形式。既要探索个性化教学的新模式，也不能照搬上述的组织形式，因为它虽然已被国外教育实践证明是失败的，但是这种思想是值得借鉴的，摆在高校教育课程设计者面前的问题是如何利用这一思想来设计出符合大学生学习特征的个性化课程，这既是高校教育课程改革中的问题，也是改革的方向和奋斗的目标。

（三）符合人的社会发展特征来组织课程

在高校教育过程中，人是高校教育实施的对象。大学生的发展包括身心两方面的发展，它受到遗传和环境两大因素的制约，高校教育作为一种特殊的环境因素，在人的身心发展中起到主导作用。高校教育活动主要就是指培养和发展一个人全部潜能的过程，即把一个人在体力、智力、情绪、道德等各方面的因素综合起来，使他成为一个具有良好素质，在某些方面具备特长，身心得到全面发展的人。高校教育要达到其目的并体现其功能和价值，其活动就必须遵循受教育者——大学生的身心发展特征和德智体美等全面发展要求来进行。根据大学生的智力、体力及个性发展的水平和特点，结合大学生的个性差异，使大学生在获得更多、更广的知识的同时，更要全面培养大学生的思维能力和独立地获取知识的能力，培养他们科学的世界观、方法论及崇高的理想和信念，使他们坚持社会主义的正确方向。

课程应该引导学生认识社会。社会如同一面多棱镜，不同的视角有不同的结果，社会的发展是动态的，不同的发展时期有不同的特征。高校教育要引导学生去正确认识、把握这些特征。教育学生懂得科技化知识是远远不够的，社会需要全面发展的人才，如理工科大学生不仅需要科学素养、工程素养，而且需要人文素养。理工科人才面对具体的工程项目，考虑的不能仅是技术问题，必须考虑到社会多方面的因素，进行价值判断。在做可行性报告时，要考虑到特定的地理人文经济因素。产品设计不仅要经济实用，而且要满足人的审美情趣和心理特征（建筑设计还要考虑到历史文化因素）。理工科学生还应具备社会责任心，能够想到他们所从事的工作对自然、对社会的影响，并由此做出正确的判断。这对课程构成提出了要求，不仅要开设科学课程，而且要开设工程课程、文化课程。

课程应该引导学生适应社会。社会的发展不以个人意志为转移，课程的变化、发展要与之相适应，课程的设置既要保证各自的学科性，还要有相当的灵活性，如现阶段，开设创业教育课。另外，还要重视建设适应性课程，适应性课程的特点就是课程本身具有适应变化的能力，采纳以未来为导向的动态的学习材料，取代传统课程中以过去为指向的静态的学习材料。

有学者提出适应性课程体系由配套的四个部分组成：数据书、阅读书、核心课本、教师参考书。适应性课程不仅有助于保持课程的相对稳定性，形成学生一定的思想方法，同时其灵活的组织方式和对学生的独立探究过程的强调也有助于随时纳入新的信息与材料，向新思想、新观点开放，从而促使学生在掌握文化发展规律的基础上了解历史，立足现实，适应社会。

课程应该引导学生融入社会。高校课程在加强学生专业基础理论课程教学的同时，必须根据社会发展、科技进步、生产方式变革的动向，或让学生深入社会和生产部门，以丰富社会经验，学习并应用实际知识，或让学生通过自主的科研活动加深与实践的结合。理论与实践的关系在不同的专业会有不同的要求。理、工、农、医各专业要获得实验、实习、计算机应用、绘图和某些必要的工艺及有关现代技术的训练；文科类专业要获得阅读、写作、资料积累、文献检索、调查研究、使用工具书等方面的训练；艺体类专业、师范类专业要加强专业技能的实践训练。因此，从某种意义上说，在大学教育中，理论课程是引导学生向学科纵深发展的基础，实践课程则是引导学生融入社会的敲门砖。

二、创新高校教育课程理论体系的研究与构建

（一）高校教育课程理论研究现状

对我国高校教育课程建设状态的研究，不同的学者有不同的观点。王伟廉教授从课程研究的角度叙述了课程研究的历程，他将我国高校课程研究划分为四个阶段。第一个阶段是从 20 世纪 50 年代中期调整到 20 世纪 60 年代中期，基本上是以经验指导教学工作的，此段称为"经验主导阶段"。从 1978 年到 20 世纪 80 年代末，是高校课程和教学理论发展的第二阶段。开始把高校课程与教学作为一个独立的领域进行探索。这一阶段开始了对教育思想、专业设置、课程编制以及课程与教学评价等前一阶段比较忽视的方面进行了研究。虽然研究成果比较零星，但反映出我国高教界已开始对课程研究领域具有了"自我意识"，可以称为"理论探索阶段"。从20 世纪 80 年代末到 1997 年，是我国高校课程与教学领域研究的第三阶段。这一阶段产生出一批比较系统的专著和文献。其中有些专著对这一领域的基本理论和研究

范畴进行了总结，并逐步建立起了这一领域的有关理论的系统。可以认为，这一阶段是高校课程研究领域的理论初建阶段，1997 年以后为第四阶段。其他学者也有不同的分法，但事实依据基本相似。

多年来，对高校课程理论的研究主要表现在三方面：一是专业设置研究如何进行专业设置？或怎样的专业设置才是健全有效的？曾昭伦认为，按国家建设需要，确定专业的设置，并以专业为基础做有计划的招生。每种专业，各有一套具体的教学计划。各个专业的教学计划中，所列各种课程都是必修，没有一样是选修科目。中国的经济走向计划化，必须有计划性的教育与之相配合，使建设所需人才在质与量上得到及时供应。有论者总结了专业教育的两种模式及其发展趋势：通才模式和专才教育模式。通才模式专业设置在第二层（相当于二级学科），甚至在第一层次上，其下一般不再设第三层次的专业，口径较大。培养的人才缺乏职业性针对性，但有广泛的适应性。专才模式专业主要设在第三层次上，口径较窄，一般都与具体的分支学科、职业和产品对门，培养的是现成专家。二是课程体系问题无论是专业教学计划的编写，还是教学大纲、课程内容的处理，核心问题都是要研究出合理的结构，课程体系主要集中的问题为基础课程与专业课程的关系以及必修与选修课程的关系。三是课程综合化问题，既指出了课程综合化的内涵，也指出了课程综合化的成因。

（二）高校教育课程理论体系的研究与构建

在课程界，对课程理论的研究及理论体系的建立是一项长期而艰苦的工作，因为不同的哲学思想会导致不同的课程理论。在课程史上，曾有以泰勒为代表的科学课程理论（也称理性课程理论），以施瓦布为代表的自然主义课程理论和以后现代思想为主导的激进课程理论以及解释学课程理论、审美的课程理论等，但从没有某种理论能有"一统天下"之功效，这种百家争鸣的局面似乎表明课程理论尚未成熟。

在高校教育界，人们关心课程理论的进展，但更关注课程理论对应用研究的作用，即如何用这些已有理论来指导高校教育课程理论或课程体系的建立，脱离纯理论研究的羁绊，一般认为大学课程理论体系是由多个方面的内容组成的。它包括培养目标与规格的变化、课程政策的调整、课程结构的构建、课程建设标准的制定、课程资源的开发与利用、评价体系的建立、教师教育及制度创新等，是一个由课程建设所牵动的整个高校教育的全面建设，是一个系统，需要教育行政部门、科研机构、高校（其中教师是最为关键的因素）等的共同参与和完成。它牵涉到高校教育整体和各个局部的关键领域，受到课程内部和外部、宏观与微观等多方面因素的制约，其成功与否取决于诸多因素本身的质量水平及其构成。

　　课程是为培养目标服务的，课程建设必须服从培养目标。因此，对培养目标的研究与解释，应该是课程理论建设中不可忽视的问题。但是，由于培养目标一般是由学校（或学科、专业）制定，它充满了个性色彩，不宜概而论，但是对人才的规格问题，在我国高教界都充满了共性。中华人民共和国成立后，本科教育主要是以专才为其培养规格。人们现在普遍对过去的专才目标持批评态度，但并未形而上学地完全否定，只是强调要在通才教育的基础上进行专业教育或通才教育要与专业教育相结合。陈岱孙认为，我们的高等院校所培养的人才，应该是在广厚的知识基础上具有专深研究能力的人才。杨志坚认为，要在通才教育的基础上进行专才教育。李曼丽认为，要去除高校教育过分专业化的弊端，就应该在高等本科教育中实行通识教育和专业教育相结合的教育模式。值得注意的是．自20世纪90年代中期以后，不少高等学校在考虑本科教育培养目标定位问题时，都极力回避使用"通才"或"专才"概念，更多地提介于两者之间的复合型人才概念。

　　课程政策是指国家教育行政主管部门在一定社会秩序和教育范围内，为了调整课程权力的不同需要，调控课程运行的目标和方式而制定的行动纲领和准则，它的重点在于解决"由谁决定我们的课程"或者课程权力的分配问题。它的构成要素主要有三个：第一，课程政策目标，它是课程政策三大要素中最重要的要素，反映政策的方向、目的和所要解决的课程问题。第二，课程政策载体（手段和工具），这是三大要素中的主体，它有保证实现课程目的作用。第三，课程政策主体，它是课程政策的制定者和执行者？国家课程政策制定就要考虑课程政策目标是什么，目前的形势是什么，什么样的课程政策才更能促进学生的发展？课程政策载体各有什么？并且随着时代的进步，课程政策也要相应变化。

　　对课程设置和课程结构方面的理论研究，是课程实践者的期待，也是当前比较薄弱的环节，我国高校教育的课程建设总体结构缺乏科学、合理的理论指导，课程间、学科间缺乏有机的融合，课程比例结构有待合理的论证，与课程目标、培养目标的对应也不是很好的。当前人们的研究多数集中在应用层面上，而且发现了一些现象，如重工程科学，轻工程实践警重专业，轻综合，重知识，轻能力，理工科院校都非常注重科学理论的教学，实践教学方面不是很强，重点强调学好专业，不注重培养学生的综合能力。注意了课程内容的专业性，忽视了课程的综合性；注意了课程的科学性，忽视了课程的技术性。但是，这些现象在理论层面上表现出的是什么问题，应该用怎样的理论指导来防止这些问题，这正是当前缺乏的和需要研究的问题。目前，我国课程结构基本上是单一的学科课程，普遍存在着重视学科课程，忽视活动课程；

重视必修课程，忽视选修课程；重视分科课程，忽视综合课程的现象。这些现象反映出在课程结构研究上理论的贵乏，这些问题都需要课程理论工作者进行不断研究，重新构建一个科学、合理的课程体系。

课程建设标准的制定，课程建设的目的是提高课程的质量。一门课程的质量是受教师的教学水平和学术水平、教学环境和条件、教学方法及效果等诸种因素制约的。进行课程建设，就必须对影响课程教学质量的各个环节提出一定的要求，这就是课程建设的标准。课程建设的标准可以从以下几方面加以考虑：第一，师资队伍。教师是课程教学的组织者与实施者，教师的素质决定课程的教学质量。因此，课程的师资配备从数量上必须达到一定的要求。一门课程应配备两位以上的教师。也就是说，至少有两位教师能讲授该门课程，足够数量的教师可形成梯队，相互促进，有利于开展科学研究、教学改革等。第二，教学条件。教学文件完备、配套，大纲能明确本课程的性质及其在专业教学计划中的地位和作用，阐明本课程的教学目的、基本内容、教学的重点和难点，说明各章节的联系及本课程与先行课、后继课的衔接，合理安排各个教学环节，反映本学科的新成果，能体现培养目标对本门课程的要求。第三，教学方面。每门课程应有相应的教学研究组织，具有健全的管理制度，教学方面。每门课程应有相应的教学研究组织，具有健全的管理制度，教学档案齐全，对教学研究、学术交流、师资培训等都能做到有计划、有措施、有总结；严格执行教师考核制度；重视本门课程教学质量的检查；注意经常听取学生的意见，不断改进教学工作。

高校课程理论体系建设是一个系统的工程，除了上述方面，还应包括课程评价、教师教育及制度的创新等，包括广阔的研究范围和多种多样的研究内容。这里，我们仅提出课程理论建设的几个方面和课程理论或实践中的问题，以表明课程理论建设的重要性和必要性。真正的课程理论体系建设工作，应该是一项任重道远的工作，还有待课程工作者今后的不努力。

三、重视学科课程开发的研究与实践

尽管学科课程已经有悠久的历史，人们已经积累了成熟的经验，但是随着科技的发展和人们认识的深化，学科课程的设计仍然需要不断改进。在初等教育中，一门课基本代表一个学科，在高校教育中（专业教育），代表一个学科的课程则是一组课程或者一个课程群。本节所要讨论的，正是学科课程在高校教育课程中的特殊表现。

（一）学科课程应具有开放性，以形成并容纳跨学科课程

面对当前学科知识既高度分化又高度综合，交叉学科不断涌现，社会需求多样变化的新形势，以培养专才为目的，以专、深为特点的旧的大学课程体系已经无法适应新的挑战。新时期的课程体系必须克服以往课程体系的弱点，在课程组合上，一方面要强化基础理论课程，增大学科知识中那些较稳定、持久部分的比重，使这些基础的知识成为学生构建其认知结构的平台，为学生的终身学习和进一步的深入研究打下牢固的理论基础。另一方面，要淡化学科壁垒，有意横向延伸，向边缘学科或跨学科方向发展。如在设置公共基础课、学科基础课和专业基础课的基础之上，多设置一些综合性、边缘性交叉学科甚至跨学科的选修课程，以适应高校教育培养目标多元化以及多元经济时代的多样化要求，帮助学生了解现代科学技术的最新动向，迅速接近科学前沿，造就出适应未来需要的高素质人才。另外，可以尝试开设跨学科课。跨学科课是为了扩展学生知识面而设立的跨专业、跨学科的课程。它的出现是与科学的飞速发展和学科的快速分化息息相关的，为适应现代科学技术和社会发展的需要，必须开设边缘学科、交叉学科等跨学科课程，以利于大学生的知识在专业化基础上向综合化方向发展。

（二）学科课程要注重综合性，以利于人的全面发展

在今天这样的社会里，假如一个人的知识面狭窄单一，即便他的学问再深，也难成大器。为了适应社会要求，高校教育已经确立了多元化的培养目标。因此，必须采用设立综合性课程的办法来解除一些专业相互隔离的状况，而这种综合，并不是拼盘式的集合，而是符合教育基本规律，具有必然逻辑联系的课程设置上的优化组合。这种文理工课程的相互渗透、相互交叉的形式，不仅可以拓宽学生的视野，有效培养其思维能力，促进学生的全面发展，实现自然科学与社会科学、科学教育与人文教育的整合，还导致了许多跨学科领域的研究和新学科群的出现。

（三）学科课程设置要具有前瞻性，以利于知识的创新

在科技日新月异的当今时代，高等学校课程的编制必须把握时代的脉搏，预测本学科未来的发展方向，使这些课程中不仅包含前人所积累的知识和经验，还能反映本学科发展的现状和趋势。这就要求我们必须改变过去统一、刻板的教学计划，建立起动态发展的课程体系，在课程体系中留出一定的空间，充分调动教师和学生的积极性，发挥他们的主观能动性，鼓励他们积极探索、勇于创新，使我们的课程

不仅具有知识性和系统性，学科课程还要具有国际视野，尝试开设国际化课程而且处于动态发展之中。其实，目前世界上的许多国家都特别重视课程内容的更新，都积极地把科技文化的新成就吸纳到高校的课程中，并开设了一些代表未来社会科学发展方向的课程。这充分地显示了当代课程改革的一个重要方向——前瞻性。

（四）课程开设要具有国际视野，尝试开设国际化课程

发达国家的高校教育对此早有觉醒，如美国的哈佛大学和耶鲁大学都声称要培养具有全球意识的人才，而麻省理工学院声称要培养领导世界潮流的工程人才。所有这些也表明，人们已充分认识到只有突破文化差异的障碍，才能真正地吸收人类文明的优秀成果。21世纪是信息化社会的世纪，是人才竞争激烈的世纪，高校教育面向世界是由经济日益国际化决定的，国际竞争将是全方位的，其背后是国际教育的竞争，实质是较强应变性和适应性人才的竞争，这一发展趋势必然对高校教育培养的人才质量提出了更高的要求。因此，我们在高校教育的课程设置中必须具有国际视野和全球意识，体现国际精神。我们应该教育高校学生，使他们认识到要在世界舞台上占有一席之地，高校就应开设一些与国际联系密切的课程，如外语、国际关系、国际文化、国际管理、国际科技、国际信息与市场信息，使学生能够通晓国际知识，具有全人类的视野，适应高度科技化的世界。

第二节　高校教育教学评价创新

一、高校教育教学评价理论发展的哲学基础

邱均平教授早就说过："没有科学的评价，就没有科学的管理；没有科学的评价，就没有科学的决策。"现在，这一科学论断已基本上成为一种社会共识。尽管如此，评价活动仍然受到来自社会的质疑和批判。因此，如何正确地看待评价、科学地开展评价、合理地利用评价，已成为社会各界关注的重要课题。我们生活在一个评价的世界里，任何人都离不开评价，都与评价息息相关。我们随时随地都在评价周围的人、事、物，同时也随时随地都在接受各种各样的评价。在学习、工作、生活中，任何人或组织都面临着各种选择，即做出决定和决策，而在做出决定和决策之前，不但需要对其对象进行了解和认识，还要根据自己的价值观念和行为准则对其进行

判断和审视，这就是一个评价过程。我们随时随地都在进行着各种选择和决策，因此也随时随地都在进行着各种评价。

我们生活的世界是一个复杂的社会系统，包含众多的评价标准、准则和观念。其中，政策、文化、制度、法律、法规等合在一起形成庞大、复杂的都是教学评价标准和评价系统，谁也无法完全脱离这个评价系统而生存。因此，事物的评价都被置于一定的评价系统和网络中接受被评价，并按照评价系统的要求行事，否则就会受到排斥和惩罚。面对如此丰富和复杂的评价活动，我们应该采取客观的态度，科学地认识，合理地选择，这样才能做到科学地评价。科学的评价活动自产生之日起，发展非常迅速，受到全社会的高度关注和普遍重视。大致经历了从原始评价或本能评价到社会评价或大众评价，再到综合评价或系统评价三个不同阶段。随着评价活动的科学化程度日益提高，相关理论和方法逐步成熟，出现了从定性评价向定量评价以及定性与定量相结合的综合评价模式转变。

二、多学科视角的评价研究

哲学领域的学者对评价进行了大量的研究，成为评价学的重要理论来源之一。价值、认识与评价问题的研究在西方哲学研究中起步较早、时间较长，形成不同的研究思路和派别。我国的研究虽然起步较晚，但也产生了丰富的研究成果。心理学视角的研究以英国哲学家艾耶尔等人为代表。他们认为，价值存于评价之中，它是一种心理现象或情感现象，而评价就是情感的流露和表达。因此，他们主要研究评价的情感因素，研究情感判断及其自明性。语言学视角的研究主要是从语言学的角度来分析"伦理句子""价值句子"，认为这样就可以把握和揭示价值的本质、评价的本质。这种研究充分关注评价的表达形式。价值论视角的研究把人的活动看作是把握价值、创造价值和实现价值过程的各种不同表现，它对认知与评价做出实质性的区分，亦即认知从属于评价，这是一种对评价的非认知意义的研究。研究者们认为，价值与评价紧密相连，价值决定评价，评价揭示价值。没有价值现象就没有评价活动，没有评价活动，价值就无法认识和体现。我们通常所说的价值，都是被意识到、认识到的价值。在评价之前或之外，价值只是作为一种客观的、潜在的形式而存在着。

评价是一种价值认识和价值判断行为，即"价值评价"。评价过程是对评价对象的掌握过程，是一种认识行为。因此，认识与评价密切相关，认识活动（包括事实认识和价值认识）是评价活动的基础。科学评价就是在事实认识和价值认识的基础上对评价对象于评价主体的价值和意义所做的合理判断，即了解、认识、确定和判断评价对象对评价主体有无价值及价值量的大小。

科学评价是准确、全面、系统认识事物的一种有效方法，它是在事实认识和科学认识的基础上对评价对象进行价值判断的活动（即价值评价、评估或评定），本质上是一个价值判断过程，同时它是一种特殊的认识活动，即价值认识活动。因此，价值理论和认识理论是教学评价的理论基础，是构成评价理论集合体的重要理论来源。

三、教育评价理念

教学评价的理念是指评价主体的教育理念在教育活动价值判断中的表现，亦是价值主体对教育评价的认识及在此基础上所确定的价值与行为取向。影响教学的主要理念有以下三种。

（一）终身教育的理念

教育是一种特殊的培养人的社会实践活动，教育实践活动的主体和客体都是具有能动性的人，这是现代教育理论公认的结论。现代人生活的过程就是教育和受教育的过程,学习和教育是贯穿现代人一生的重要特征,这是终身教育思想教育的过程。

对我国而言，终身教育并不是一个全新的观念。我国古代大思想家、教育家孔子曾说：“吾十有五而志于学，三十而立，四十而不惑，七十而从心所欲，不逾矩。”(《论语？为政》)，因为“人非生而知之”，而在于终身努力学习，“发愤忘食，乐以忘忧，不知老之将至”（《论语？述而》）。孔子主张“学而不厌”的思想已流传千古；日本终身教育理论研究者认为，孔子是东方“发现和论述终身教育必要性的先驱者”。庄子述及终身教育的必要性：“吾生也有涯，而知也无涯。”这可以说是我国古代最早的“活到老，学到老”的关于终身教育思想的萌芽。

从现代知识经济社会发展的要求和个体自身发展的需要，每个人都必须终身学习和终身接受教育。终身教育无论是作为一种思想理念还是教育实践，它正在经历从满足个人或社会对教育的转向的应急需要，转变为适应个人或社会对教育价值的多向取向的长远需要，从被动地选择教育转变为自觉地追求教育的发展过程。这是一个长期的过程，也是现代终身教育体系形成并走向成熟的必经之路。

（二）“三全一多”的理念

“三全”是指全过程、全方位、全员性，“一多”是指多样化。“全过程”是指贯穿于教学的全过程；"全方位"是指与人才培养有关的所有工作的质量，或者说是指全校的各个系统、各个部门、各个单位的工作都直接或间接地围绕教学这一总目标而工作；"全员性"是指各个部门、各个单位的全体教职员工都要参与其中。任何一种质量管理最终都要落实到人，要以人为本，调动给个人的积极性和创造性，并要强化团队精神，加强凝聚力和合作力。学校每一个系统的每一个员工的工作质量都将影响到人才培养的质量，每一个工作岗位都要参与到教育教学质量管理工作中来，把学校制定的人才培养质量目标层层分解，落实到各部门、各环节，直到每个岗位，建立各种规范标准，让全体员工都参与到质量管理的过程中。

（三）"以人为本"的理念

"以人为本"的教育理念作为一种教育哲学观，是高校的教育理念和素质教育观的实质所在，只有从这个根本点上去理解和把握它的精神实质，才能在教育评估工作中更好地体现评估为教育服务的宗旨。马克思主义认为，人首先是一个自然存在物，具有自然属性。但是人不是自然存在物，更重要的是人也是社会存在物，具有社会属性。因此，人的本质是一切社会关系的总和。此外，人还是有意识的，具有精神属性。宋代著名思想家朱熹说："大学者，大人之学也。"这里的"大人"指的就是成熟的社会人，能担负重大责任的人；在对学校的重大事项做出决策时，都要"以培养人才为中心"。因此，教学评价或评估，要贯彻"以人为本"的教育理念，重在培养高质量、高素质人才的教学过程和教育成果上。

四、高校教学评价系统的要素理论

按照系统论的观点，系统是由多种要素相互联系、相互作用而形成的有机体。关于教学评价系统的构成要素主要有"三要素说""四要素说""多要素"。"三要素说"认为评价系统是由评价者、评价对象和评价手段三个基本要素构成的，教学评价主体一般由政府、学校构成，评价对象主要是教师和学生，评价手段采用评价表进行量化评价。另外，还包括非基本要素，如评价目的、结果等。"四要素说"认为评价系统是由评价主体系统、评价客体系统、评价目标系统和评价参照系统四个子系统构成。无论是"三要素说"还是"四要素说"，他们所包含的内容和思想都是基本相似的。

一个完整教学评价系统应是由评价客体（对象）和评价中介或评价手段（包括评价方法、评价技术、评价工具、评价指标体系、评价模型、评价程序、评价信息、评价法规制度等）多个相互联系、相互作用的要素或子系统组成的社会系统。

高校教学评价主要构成要素一般包括政府、公众、学校、教师、学生、中介机构等，是一个多因素的综合体。从外部视角开展的宏观监控和管理的教学评价主体主要以政府、公众、中介机构为主体；而内部质量评价则以学校、教师、学生等为主体。高校的教学质量评价工作也主要分为两种类型——对教学主体的评价和学生课堂检测效果的评价。由于高校教育的专业性较强，学科纵横交叉，高校职能综合性等诸多特性，教学评价的复杂程度成为社会活动中最难精确化和量化的部分。高校教学评价产生于高校教育自身发展的需要，是高校对教学工作理性反思的重要手段。

评价内容包括办学效益和效度方面，概括起来包括：①办学条件和办学设备的效用。办学条件、设备是教学活动运行的基础。良好的办学条件、优良的设备是高质量教学生成的前提保障。对条件和效益的评价目的，一方面在于促进学校和管理部门加大教学软硬件投入，提高资源利用率；另一方面，不断改善办学条件和教学设施，充分发挥办学条件的可能性效用、实性效用。②学校教学运行机制的效率。运行机制是高校教育教学实施过程的依托，包括教学管理的机构体系、职能体系、人员体系、制度体系，对教学运行机制进行评价，能提升计划教学，执行计划对于教学改革措施的运作效率，教学管理制度能促进教学发展的效率。③学校人才培养模式的效果。人才培养模式是资源配置的方式、教学条件组合的形式和教学手段运用的总和，是一所高校教育教学思想和观念最为集中、最为典型的表征。评价学校人才培养模式，主要是评价这种模式在实践中实施的效果。④办学传统与特色的效应。办学传统和特色是高校教育教学的灵魂和基石，决定学校办学的品位、层次和特点，是学校的优势所在。学校的办学传统和特色以效应的形态让人们感受和意识，对它评价的同时就是对它效应的评价。

五、教学评价过程的非制度因素

制度是保障活动有序开展的重要手段，而非制度因素对人类一切活动的结果也都将产生积极或消极作用。在教学评价活动中，评价参与者的职业道德、思想、意识等非制度因素一样，也会影响制度执行效果。

（一）在活动初始阶段，由于参与身份的不同，呈现不同的心理需要

1. 角色心理

人们在社会活动中由于担负着一定的角色而形成的一种角色心理。评价者在教

学评价活动中往往以显示其身份、专门知识、品质、爱好和特长来要求评价对象，如果这种要求与评价指标、标准相一致，就能对评价起积极作用；如果超出评价指标的要求，就可能影响评价的客观性。例如，在设计评价方案时，评价者容易从其职业、兴趣、特长出发，表现出不同的价值取向。最明显的是学科专家、教育理论专家往往偏重方案的理论依据和科学性，而实际工作者则倾向于方案的可行性和实践性。

2. 心理定式

这是由一定的心理活动所形成的常规、模式化的心理状态。在评价准备工作中，各人往往按各自心理来表达其意见，从而影响评价方案的客观性和创新性。

3. 时尚效应

这是指对新颖、时髦事物或观点追求的心理现象。在追求时尚中，顺从社会潮流，接受多数人热衷的思想或观点，影响评价的正确方向。

（二）在评价实施阶段评价者的复杂心理活动会因个体差异导致不同结果取向

1. 首因效应

首因效应也称第一印象效应，指的是评价者因对评价对象的最先印象比较强烈，便在其后的评价过程中，总是"先入为主"地左右自己的评价思维。从而影响对评价对象的正确评价。

2. 近因效应

近因效应指的是最近获得的信息对认知产生的强烈影响。因为，个体对新近获得的信息往往感觉最新鲜、最清晰，其作用往往会冲淡过去获得的印象。这种近期效应会影响对评价对象全面的、正确的评价。

3. 晕轮效应

晕轮效应又称光环效应，它是评价者因对评价对象的某些特征产生强烈或深刻印象，且会弥散到其他方面，形成"总体印象"。

4. 参照效应

参照效应又称对比效应，它是评价者对一些评价对象的强烈印象会影响对其他评价对象的判断。

5. 理想效应

理想效应又称求全效应，它是指评价者总是以对评价对象所持有的完美先期印象，来衡量评价对象的现实行为表现。

6. 趋中效应

它是指某些评价者在评价时避免使用极值（最大值、最小值），大多取中间分值或中间等级，如较好、一般等。

（三）在评价结果处理阶段，参与评价主体的心理倾向同样会导致结果的偏差

1. 类群效应

评价者和评价对象属于同一类别或同一类群体，如同行、同事、同学等，有较强的相互理解、认知基础，容易产生效应关系。

2. 亲疏效应

亲疏关系会使评价带有较多的情感因素，产生亲疏效应。对亲近者容易看到长处，给予偏高的评价，而对疏远者则容易看到缺点，给予不适当的评价。

3. 从众心理

研究表明，从众心理和从众行为的产生取决于情境因素和个体因素。从众心理也是评价者的一种保护心理。

4. 威望效应

这是评价小组内有威望者的态度对他人观点的形成所产生的显著影响。威望者既可能是学术方面的权威，也可能是权力方面的权威。

5. 本位心理

这是指评价者坚持本部门（本专业领域）的利益和价值观的心理倾向。评价小组成员来自不同部门，在评优或进行综合评价时，各方代表强调本部门的优势或成果，这种心理影响评价的客观性和公正性，甚至还会影响评价内部的团结和合作。

6. 模式效应

这也是一种心理作用，即评价者依据对评价对象群既有的印象（经验模式）来进行对评价对象现实教学的价值判断。

六、高校教育教学评价的应用创新实践

从近几年的评估实践看，现行的评估方案对促进学校的教学工作、提高教育质量发挥了比较好的作用。在充分肯定教学评估取得成绩的同时，我们也认识到，在我国开展大规模的高校教学评估还是第一次，实践中还存在许许多多的问题或不足。用一个评估方案评估所有的学校本身确实有针对性不强的问题，有待完善。另外，有的评估指标设计可操作性较差，导致专家在考察评估过程中难于准确把握。总之，

根据不同层次和类型的高等学校的特点，制订不同的评估方案，以加强分类指导是当务之急。高校教育评价体系应该建立一套适合这种院校发展的评价机制，鼓励其找到自身发展的位置和方向。

高等学校教学质量主要是指在高等学校教育活动中的人才培养质量。高等学校为了满足社会和个人发展需要，设置教育教学目标并采取一系列措施保证目标的实现。院校教学工作评估属于水平评估，与研究型高校的咨询评估和高职高专院校的合格评估有本质的区别，因此科学合理地设置教学型院校教学质量评价指标体系很重要。从国内外文献中可以梳理出各类高校本科教学质量的诸多关键因素，如教学理念、办学定位、本科教学水平评估、教学质量内部监控体系、教学与科研的结合、教师发展与教师队伍建设、招生方式和生源质量、学风、课程建设、人才培养模式、学科建设、教育方法改革、教学管理、教学设施和条件、国际化等。这些因素或虚或实，影响作用有大有小，有的是直接影响，有的是间接影响，需要我们抓住影响教学型院校教学质量的主要因素，从而设置关键性的评价指标。如果说研究型高校要力争构建探索型的教育，这种探索精神把高校的教学和科研结合起来，使教学应该表现出较强的科学研究的特色，高校要紧紧围绕教学这个核心展开。影响高校的主要因素可以考虑以下几个方面：办学定位和办学特色、人才培养目标与计划、师资队伍与教学水平、教学条件与利用、专业建设与教学改革、教学管理与服务、学生的学习、教学效果等。

七、评价指标体系构建

从以下八个方面对学校教学质量进行具体的评价：办学指导思想、师资队伍、教学条件与利用、专业建设与教学改革、教学管理、学风、教学效果、教学声望，再加上特色项目，这是一级指标，再分成 19 项二级指标和 44 个观测点。

参照对院校教学质量的主要影响因素的分析来设计院校教学质量评估指标体系。

第一，办学定位与特色。①学校的办学定位与思路。学校的方向选择、角色定位，是学校制订发展规划、方针政策和拟定各项制度的理论依据，关系到学校在教育系统中的地位与作用。②办学特色。在长期办学过程中积淀而成的、本校特有的，优于其他学校的独特优质风貌。③学校与社会的联系。

第二，人才培养。①培养目标。受教育者所要达到的质量要求和专业规格。②培养计划。人才培养工作总体设计的具体体现，是安排教学内容、组织教学活动及实现人才培养目标的基本依据。

第三，师资队伍。①队伍结构。专任教师结构状态、师生比、硕士博士学位比例。②师资培养。教学业务培训、技能培训、学术交流、教学质量、主讲教师教学水平、质量评价状况、教师风范。

第四，教学条件与利用。①教学基本设施。校舍、实验室实习基地、图书馆、校园网和运动设施状况。②教学经费。四项经费的增长情况。③条件利用情况。指教学设施和教学经费的利用效率。

第五，专业与课程。①专业建设。学校专业结构与布局、专业教学质量、新办专业情况。②课程建设。教学内容与课程体系建设、教材建设与选用，教学方法与改革手段。③实践教学。实习实训、实践教学内容与体系、综合性设计性实验。

第六，教学管理与质量保障。①管理队伍。结构与素质、管理研究成果与实践效果。②质量控制。规章制度建设和执行情况、各教学环节的质量标准、教学质量监控体系的运行形成与运行情况。③服务状况。教学管理人员对师生的服务能力和水平、校园环境和文化氛围、对学生学习的支持程度、学生遵纪的程度。

第七，教学效果。①学风。守法情况、学风建设情况、学习积极主动学习的状态。②学习能力与素质。学生学习经验积累、自我教育与自我学习水平、团队精神与合作能力、思想品德修养与文化心理素质。③基本理论与基本技能。基本理论知识的水平、基本实践技能水平、创新精神和实践能力。④毕业设计（论文）状况。毕业设计（论文）的质量。

第八，社会声望。①招生与就业情况。招生生源状况与新生素质状况、毕业生当年就业率与就业状况。②社会评价与资助情况。社会对学校办学状态和毕业生质量的评价、社会企业与各界人士对学校事业和困难学生的支持与资助状况。

八、评价的创新与趋势

我国目前是世界上规模第一的高校教育大国，高校教育发展的重点已经从扩大规模转向提高质量。提高人才，特别是创新人才培养水平的要求变得日益迫切。我们要建设高校教育强国，就必须有较高的入学率、有竞争力的质量和完善的制度体系。今后建高等院校教学评价的趋势有以下特点。

（一）统一性与多样性并重

高校治理的国际新趋势是在扩大高校自主权的同时，强化问责机制，加强对高校的质量与绩效评估。我国教育部今后仍将扎实推进由高校教育评估中心组织的高校教学评估工作。在高校多样化背景下，我国将实施分层与分类评估，在评估中注重高校办学特色。例如，将高校分为研究型、教学型、高职高专、民办学院四类，或按归属性质和层次分为省属重点高校、普通本科院校、民办学院等。同时，在评估的参与上将形成政府、学校、用人单位、专业团体与社会人士、中介机构等广泛参与，形成高教质量保障的共识。在评估的类型上，综合评估、机构评估与学科专业（专题）评估相结合。在评估的性质上，比较性评估与发展性评估并重，前者侧重于鉴定等级；后者侧重于发现问题，找出差距，改进教学。

（二）校外保障体系与校内保障体系结合

内部质量保障体系是高校教育质量保障体系的主体和基础，外部保障体系是社会监督。内部评估（自我评估）与外部评估相结合，加强问责制是各国高教质量保障的共同趋势。高校评估强调外部评估与自我评估相结合，建立了制度化的高校自我评估制度，有明确的要求和指标，如自评报告要公布，强调高校自评要突出办学特色、个性特征。欧洲各国都建立了高教评估机构，制定通过《欧洲高校教育区质量保障标准与指南》，适用于博洛尼亚进程参加国的所有高校，内容包括高校的内部与外部质量保障，评估的目的是改善欧洲高校教育质量，为高校自身的质量管理与提高提供支持，构筑质量保障机构自身业务的基础。高校内部质量标准包括质量保障的方针与程序；教学计划与授予学位的认可、监督与定期审查；学生的评价；教师的质量保障；学习资源与对学生的教学服务；信息系统；信息公开．外部质量保障方式包括：学校的办学资格认证；学院和专业认证；学校、学院、专业的声誉排名；学校内部质量保障体系审计；全国性专项调查（如新生教育调查、毕业生调查等）；专家资格认证、全国质量系统规划与建设等。我国要加强高校自我评估，使其制度化、义务化、指标化、特色化、公开化，进一步增强高校自身质量保障的自觉性。

（三）教育投入、教育过程与教育产出并重

教育输入主要是指教育资源与生源。教育过程是人才培养的过程，主要考查教学计划、教学管理、教师管理、教学质量控制制度等方面。教育输出主要考查学生的成长、人才的质量和毕业生的就业与专业表现。目前，在评价高校的教学质量与进行专业评估时，评估指标对教育投入、教育过程和产出因素并重。评估从重视硬件到重视软件，开始关注教师"教"的能力，学生的学习过程和收获。

（四）院校的教学质量评价要重点关注的两个方面

1. 人才培养质量评价要充分关注教师"教"的能力

我们说教学过程是一个以认识活动为起点，通过掌握他人和前人的间接经验、发展能力、直接经验和态度倾向的过程。教学过程是师生双方共同的活动。高等学校的教学活动是一种特殊的认识过程，具有专业性、独立性、创造性、实践性等特点，其成败在很大程度上取决于教师"教"的能力，需要教师根据教学内容和教育对象妥善地选择合适的教学方法。因此，对高校教师教学评价要着重体现其进行研究性教学、探究式教学、创新实践教学、思想教育等方面"教"的能力。在探索教师教学评价指标体系时，要明确评价内容，如教学评价内容要体现时代要求，体现教师是否激发学生的兴趣，是否调动学生的主动性，是否有助于发展学生的潜能，是否授以研究方法和学习方法。另外，还要重视对教师教学评价的反馈，提高教师"教"的能力，对教师给予直接帮助。为了提高教师教的能力和水平，对教师给予及时的帮助和训练指导是必需的。

例如，美国加州大学欧文分校的标准化教学评估，对教师的教学评估列出以下十个指标：教师对课程内容满怀热情和兴趣；激发了学生对课程内容的兴趣；达到了课程的规定目标；有问必答；创造了一个开放、公平的学习环境；在课程中鼓励学生进行思考；对概念的表达和解说清楚；作业和考试覆盖了课程的重要方面；学生对教师的总评分；学生对本课程的总评分。对每个指标从 A、A-、B+、B、B-、C+、C、C-、D、F 十个等级进行评价，A 表示卓越，F 表示完全不适当。

2. 人才培养质量评价要充分关注学生"学"的能力

目前，学生学习产出评价存在的问题是：仅仅停留在对学生的智育评价，而智育评价往往又限于对学生知识掌握的评价，主要是通过课堂考试进行；评价游离在学习过程之外，没有将其纳入指导学习、规范学习、推动学习的过程之中。因此，我们在进行对学生评价时，要注意以下几点。

（1）要重视对学校人才培养目标的评价。学校要制定明确的教育产出的目标，明确培养出何等质量的毕业生，并使学生知道，自己进入了怎样的学校，进了学校可以得到怎样的培养和训练，毕业时可能成为怎样的人才等，使学生懂得在高校学习，不仅要掌握知识，而且要培养良好的道德品质、创造精神与能力、批判思维、全球视野、优质专业训练、终身学习的能力。学生心中有"质量"标准，就会遵照执行并主动积极地参与评价。

（2）要重视对学生学习能力的评价。美国已有越来越多的学校把自己的 NSSE

（National Survey of Student Engagement）数据挂上了美国学校排行榜，成为美国国内高校选择的重要参考。NSSE 已成为美国高校教育质量评价新风向标。此调查指标主要包括五类：学习的严格要求程度、主动合作水平、师生互动水平、教育经验的丰富程度和校园环境的支持程度。调查采用学生自我报告行为和观点的方式进行。因此，院校为了提高学生的学习能力，要提供条件，创设支持的环境，让学生在学校教育中、在社会生活中去感受、感悟，增强学生学习的主动性和合作水平，从而获得教育经验和提高自我教育的能力。

（3）要重视学生创新、实践能力的评价。创新、实践不能停留在书面和口头上，也不是仅仅开设几门课程，而应自始至终贯穿教育教学的全过程。要探索有效的评价方式和方法，使实践创新能力的培养成为广大教师、学生自觉的理念和行为。

第七章 高校教育教学的管理创新

第一节 高校文化管理创新

高校教育既是文化发展的重要成果，又是文化建设的重要载体。作为人才培养的基地，高校理应发挥文化育人的作用，为中国特色社会主义事业培养建设者和接班人。作为知识的集散地和思潮的发源地，高校理应成为社会文化的风向标和引领者。在推动社会主义文化大发展、大繁荣的进程中，高校一方面要加强自身的文化建设；另一方面，要承担文化传承创新、文化辐射引领和文化服务支撑的重要使命。

一、文化和文化管理的内涵及发展历程

什么是文化？随便浏览一下，就可以发现，关于文化的定义有几十甚至上百种。有意思的是，虽然文化包罗万象，但不同的定义却又殊途同归地表达着文化的基本内涵，即观念形态、精神产品、生活方式这三层含义，具体来说，它包括人们的世界观、思维方式、心理特征、价值观念、道德标准、认知能力以及从形式上看是物质的东西，但透过物质形式能反映人们观念上的差异和变化的一切精神物化产品。高校文化是高校思想、制度和精神层面的一种过程和氛围，是理想主义者的精神家园，是学校里思想启蒙、人格唤醒和心灵震撼因素的结合体。高校应该让学校外的人神往，让学校内的人心情激动。学校是一个让我们永远怀念的场所。高校用人文精神培育出全面发展的优秀人才，使其成为民族复兴和文化复兴的中坚，引领社会前进。高校文化是知识、能力、人格的升华和结晶。

文化管理就是"人化管理"，就是以人为根本出发点，并以实现人的价值为最终目的的尊重人性的管理。这种管理是靠管理主体与管理对象之间所形成的文化力的互动来实现的。文化管理的核心是"以人为本"。

学校文化管理与企业文化管理有着密切的关系，它借鉴了企业文化管理的思想，

但是学校文化管理更是它自身内在文化因素发展的必然要求。因为学校本身就是一种文化存在，是一个文化实体，它是以传承和创造文化为己任的，是以文化为中介培养人、塑造人的机构。学校与文化的关系是其他任何社会要素、社会组织所不可比拟的，在学校管理中，更应当重视文化的因素。文化管理是学校管理顺理成章、水到渠成的结果。学校文化管理是以文化为基础，注重学校文化建设，并利用文化要素和文化资源实施调控的学校管理活动，它具有价值性、伦理性、知识性、人本化、合作性、品牌形象性、整合性等特征。学校文化是学校的灵魂。学校文化不仅是老师的灵魂，更是学生的灵魂。学校文化建设的核心在于师生的认同，认同的关键是参与。在学校管理工作中，制度比校长个人的经验、意志和人格魅力更重要，它更带有普遍性，起着更举足轻重的作用。

二、文化管理的特点和意义

（一）文化管理和高校文化管理的特点

1. 文化管理的特点

（1）管理的中心是人。从科学管理以物为中心转变为文化管理以人为中心，人既是管理的出发点，又是管理的落脚点。尊重人、关心人、培养人、激励人、开发人的潜力，是文化管理的关键。

（2）管理的人性假设前提是"善"。科学管理把人看作"经济人"，以"性恶论"为哲学依据；文化管理把人看作"自我实现的人"和"观念人"，以"性善论"为哲学基础。

（3）控制方法追求主动。科学管理以外部控制为主，重奖重罚是主要手段；文化管理中心内置，依靠人文关怀等激励手段调动、激活行为主体的内在需求和动力，追求主动发展。

（4）管理重点为文治。科学管理直接管理人的行为，职工的一言一行都有制度约束，是典型的法治；文化管理严于管理人的思想（信念和价值观），间接影响人的行为，是一种新的管理方式——文治，即以文化来治理。

（5）领导者类型为育才型。在科学管理中，领导者恰如乐队指挥，属于指挥型领导；在文化管理中，领导者既是导师又是朋友，属于育才型领导。

（6）激励方式以内化为主。科学管理以外塑为主，依赖工作的外部条件；文化管理以内在激励为主，着重满足职工的自尊和自我价值实现的需要，依赖工作本身的魅力。

（7）管理特色具有人情味。科学管理的特色是纯理性管理，排斥感情因素；文化管理的特色是将理性与非理性相结合，是有人情味的管理。

（8）组织形式具有开放性。在科学管理中，权力结构明确，是"金字塔形"组织；在文化管理中，权力结构模糊，管理者与被管理者更为平等，是平等沟通、自我学习的学习型组织。

（9）管理手段具备"软"特征。科学管理是依靠强制性的制度和物质手段的投入；文化管理是依靠思想交流、价值观的认同、感情的互动和风气的熏陶，即依靠非强制性和非物质性手段的投入。管理由硬管理为主走向软硬结合，以软管理为主。

（10）管理者和被管理者的关系改变为同伴互助。科学管理强调上级与下级之间的关系，管理者靠制度约束人；文化管理中管理者和被管理者是为了共同的目标而携手并进的，是合作伙伴关系。

2.高校文化管理的特点

作为人才培养的基地，高校理应发挥文化育人作用，为中国特色社会主义事业培养建设者和接班人。作为知识的集散地和思潮的发源地，高校理应成为社会文化的风向标和引领者。突出"以文化人"的教化性，这是高校文化区别于其他文化形态的重要特质；注重主流价值的导向性，这是建设社会主义高校文化的必然要求；建设各具特色的高校文化，这是各个高校张扬个性、增强文化发展生命力的关键所在。

（1）教化性。以人才培养为天职，高校文化必须始终围绕育人这一中心任务展开。高校教育教学"以文化人"，即通过文化潜移默化地感染人、熏陶人、教化人，从而达到情感陶冶、思想感化、价值认同、行为养成的功效。按照马克思主义的观点，教育的目的是促进人的全面发展，高校文化育人的过程实际上就是塑造健全人格、开发智力潜能、丰富生命内涵，使受教育者得到自由、全面、完整的发展过程。

（2）导向性。"文化"并非一个中性的概念，其本身具有鲜明的价值取向。当今社会呈现出多元思想文化相互交织、相互激荡的格局，需要一个占主导、支配地位的价值观来引领高校文化建设。在高校文化建设中，必须坚持以马克思主义为指导，坚持不懈地用中国特色社会主义理论体系教育师生，推动中国特色社会主义理论体系进教材、进课堂、进头脑；加强理想信念教育、弘扬以爱国主义为核心的民族精神和以改革创新为核心的时代精神；深入开展社会主义荣辱观教育和社会主义核心价值体系建设，全面加强学校思想道德体系建设。

（3）独特性。有个性、有魅力、特色鲜明的高校文化才是有生命力的文化。虽然高校精神具有探索真理、崇尚学术、传承文化等共性追求，但由于各个高校文化传统、类型风格各异，社会对高校的需求多样化。因此，必须建设和发展各具个性的高校文化，营造不同类型、不同层次、不同风格的高校文化形态，形成异彩纷呈、和谐互补的整体高校文化格局。多年来，我国不少高校办学定位趋同、办学理念雷同，导致高校文化建设缺乏个性，存在着同质化的倾向。

（二）高校文化管理的意义

文化，这是一种历久的精神创造活动及其成果。对一个民族来说，文化是民族之根；对一个国家来说，文化是国家之魂。纵观高校发展的历史，正经历着从经验管理、制度管理（科学管理）向文化管理转型的历程。学校文化管理是一种新型的更高级的管理形态，是学校经验管理、制度管理（科学管理）的总结和升华，是管理内容的回归，是与知识经济时代相适应的学校新的管理方式。作为学校管理者，构建文化校园，积极推进学校文化管理具有极其重要而深远的意义。

随着社会主义市场经济体制的建立和完善，学校建设逐渐引入了市场力量，学校之间的竞争在逐渐加剧。学校要在竞争中处于优势地位，必须具备某种核心能力，充分发挥文化传承和创新功能、文化辐射引领功能和文化服务支撑功能，对学校的发展具有深远的影响。文化对学校和人的发展存在的影响可以从深、广、远、忧四种状况来理解：①深。学校文化管理是一种内隐的、深层次的、无形的力量，这种力量决定着学校的改革、发展和成败。学校文化具有导向功能、提升功能、凝聚功能、激励功能和稳定功能，可以为学校的发展带来动力。②广。文化无处不存在、无事不体现，弥漫在整个学校的全部生活之中，甚至影响到社区文化和城市文化。③远。与生俱在、与校共存、与人同享，在学生时代有幸经历的先进学校文化熏陶会一辈子回味无穷、受用不尽。④忧。市场经济急剧发展，竞争空前激烈。社会财富增加，但文化价值导向滞后。先进学校文化建设是学校优质发展的根本，没有文化的学校是薄弱的学校。因此，只有学校文化，只有学校的不同追求、不同理想、不同价值取向以及由此形成的不同管理风格、工作方式和生活方式，才是一所学校区别于其他学校的根本特征。

高校文化的内部功能主要表现为教化育人，高校文化的外部功能则包括文化的传承与创新、传播与辐射、示范与引领、服务与支撑诸多方面。高校在服务文化发展、促进文化繁荣方面重任在肩，大有可为。

1. 文化传承创新功能

高校既是一种教育机构，又是一种文化存在，传授知识、传承文化是高校与生俱来的职责。传承是创新的前提，创新的方式则是扬弃，在掌握前人积累的文化成果的基础上去粗取精，赋予新义，创立新知识，形成新文化。高校正是拥有这种新知识、新思想、新理论的重要摇篮，通过继承民族优秀文化，借鉴世界进步文化，创造时代先进文化，丰富精神文化的内涵，充实人类智慧的宝库，推动社会文明进步。

2. 文化辐射引领功能

高校是社会文化的组成部分，同时又以其自身的优势深刻影响着社会文化。高校是研究高深学问、探索真理的知识殿堂，也是高学历、高层次人才相对集中的地方，承担着影响、辐射、引领社会文化的功能。高校文化通过价值判断引领社会的文化选择，通过升华大众文化、超越流行文化、彰显高雅文化、强化主流文化，对社会文化起着积极的辐射和示范作用，引领社会文化向着健康方向、更高层次发展。从历史上看，高校一直是各种新思想新理论的发源地，是各类思潮和运动的策源地，历来引领文化风气之先。在历史的转折关口，往往是高校率先高擎时代的火炬，高校文化对整体文化质态的建构和文化精神的塑造具有辐射、提升、示范和引领作用。

3. 文化服务支撑功能

高校不仅以独特的高校文化影响社会文化，而且以培养的大批人才去带动社会文化的发展，通过科学研究和直接的社会服务，推动社会文化的进程。在新的历史条件下，高校要充分发挥文化建设的人才库、智囊团和思想库作用，提升服务社会主义文化发展的意识和能力，为发展文化事业、文化产业及深化文化体制改革输送优秀人才，提供智力支持。高校应加强文化领域的专业建设，增加优秀传统文化课程内容，建设优秀传统文化教学研究基地，为社会输送大批高质量的优秀专业人才；应加强文化领域的学术研究，繁荣发展哲学社会科学，不断推出理论研究和文化创作的精品力作。高校应积极参与构建有利于文化繁荣发展的体制机制，拓展为发展文化事业和文化产业及深化文化体制改革服务的渠道，壮大文化志愿者队伍，开展各类群众性精神文明创建活动。高校应积极构建国际文化交流平台，推动文化"请进来"和"走出去"，为提升国家文化软实力、增强国际话语权做出应有的贡献。

三、学校文化管理的构建

针对高校文化素质教育管理存在的问题，怎样致力于学校文化建设？相对学校硬环境建设和制度建设，学校文化建设具有看不见、摸不着的隐性特点，需要我们做出更加艰巨、更加长期的努力。

学校文化与制度管理是有机统一、互为补充的。做管理工作最终的落脚点是人的思想问题。严格管理的规范制度能否落实到位，取决于人的思想高度和认识程度。

学校文化必将为制度管理提供一个人文环境可以说，文化与制度的关系一如道德与法律，学校文化是学校制度的有益补充，两者相互统一。总之，学校文化的出现和完善不仅是学校发展的必然，也将是传统教育方式向素质教育方式转变的必由之路。这种文化又是人的文化，是以人为本的文化，突出"人文""人本""人情""人性""人权"在管理中的作用，从而形成一个强大的"磁场"。它是弥漫在空气中的一种精神存在，在每一位师生的呼吸吐纳中化为一种气质、一份修养，或见于谈吐，或形于笔端，形成学校管理的文化，即所谓的管理文化。校园文化建设在学校管理中的作用按其不同层次来划分，主要表现在以下几个方面。

（一）用物质文化陶冶人

校园物质文化是校园的外显文化，是以某种文字符号为载体，将校园精神显现于校园的各种标记物之中，如校服、校歌、校刊、校报、雕塑、学校建筑、艺术节、文化墙、名言警句等，它是校园思想文化建设的前提和条件，是思想文化、制度文化赖以生存发展的基础和载体，有利于陶冶师生的情操。优美的校园环境有春风化雨，润物无声的作用，如诗如画的校园风光、干净整洁的校园环境、美观科学的教室布置，文明健康的文化教育设施……无不给学生以巨大的精神力量。学生在优美的校园环境中受到感染和熏陶，触景生情，因美生爱，从而激发学生爱学校、爱老师、爱同学、爱家乡、爱祖国的高尚情操；学生在幽静的环境中学习，感到舒心怡神，从而增强对环境的保护意识。所有这些都有利于学生正确的世界观、人生观、价值观的形成。

（二）用制度文化规范人

校园制度文化是指校园人在交往过程中缔结的社会关系，以及用于调控这些关系的规范体系，是校园一切活动的准则，它包括相关的法律法规、学校管理体制及其规章制度、组织机构及其运行机制、特定的行为规范等。

校园制度文化从根本上决定着校园的正常运行和创新发展，是校园思想文化的保证。建立和健全学校规章制度，塑造良好的校园制度文化，是校园文化建设的重要内容，也是提高学校有效执行力的重要保障。制度文化以其导向性与规范性、稳定性与发展性、科学性与教育性的特征彰显校园文化。

（三）用思想文化凝聚人

校园思想文化是指学校在长期办学过程中形成的一种学校意识和文化观念，它是一种深层次的校园文化，是校园文化的灵魂，主要体现在班风、校风的建设上。班风、校风虽然看不见、摸不着，但它表现在校园内多种文化载体及其行为主体的上，让人时时处处切实感受到它独特的感染力、凝聚力、震撼力。置身其中，受教育者无须教育者更多的说教，便会自然而然地、不知不觉地感悟它对心灵的净化和情操的熏陶。校园思想文化是校园的内隐文化，是校园文化的深层内涵，是在长期的校园物质文化、校园制度文化和校园行为文化的建设过程中积淀、整合、提炼出来的，反映学校广大师生员工共同的理想目标、文化传统、学术风范和行为准则的价值观念体系，难以用文字、符号表达出来。校园思想文化是一所学校整体面貌、水平、特色、凝聚力、感召力和生命力的体现校园思想文化作为一种强大的教育力量，对广大师生的健康成长有着巨大的影响：一是导向功能，即指导个人正确认识和处理个人与学校组织的关系，把个人行为引导到学校组织目标上来，使他们向着学校期望的方向发展；二是凝聚功能，即思想文化起着心灵黏合剂的作用，它把各个方面、各个层次的人都聚合到一起，使师生员工对学校产生一种使命感、自豪感、归属感，形成强烈的向心力、凝聚力和群体意识；三是激励功能，即思想文化往往能产生一种激励机制，激起校园人的积极性、主动性与创造性，使学校成员保持高昂的情绪和奋进精神，获得各种精神需求的满足；四是控制功能，即思想文化具有强大的心理制约力量，使校园人接受必要的约束，使个体行为符合共同的准则；五是辐射功能，即校园思想文化以其独特的方式，在对师生教育、影响的同时，也会对周边及社会产生影响。

第二节　高校学生管理创新

21 世纪是知识和信息的时代，我们面临的经济和政治环境已经发生了深刻的变化，对在校的高校学生，他们是未来社会的知识精英和国家未来的栋梁，他们的素质如何，将直接关系到我国社会主义事业是否会后继有人，关系到中华民族的伟大复兴。高等学校是培养和造就适应 21 世纪社会发展的合格人才的基地，其培养的目标是具有创新精神和实践能力的高级人才，科学、规范、创新的学生管理工作是实现这一目标的重要保证。学生管理工作是高校各项工作的主要组成部分，它体现着一个学校的校风、校貌，是一个学校管理水平高低的重要标志，而学校管理水平的高低已成为衡量学校综合水平和学生素质的一个标准。在当前等新形势下，高校学生管理工作出现了许多新情况、新问题，如何使学生管理工作科学化、制度化、法治化，培养出大批合格的人才是当前学校管理研究的一个重要课题，也是公共管理学研究的重要内容。

学生管理工作是高校教育教学工作的重要组成部分。近年来，随着我国社会体制改革和高校教育改革的进一步深化，高校学生的学习和生活环境发生了新的变化，高校学生管理工作也面临着新的挑战。

随着我国社会主义市场经济体制的逐步建立和完善，学生成长的外部环境和内在因素发生了很大的变化。教学管理制度的改革、收费制度的改革、高校后勤社会化、就业形势变化等，都给学生管理工作带来了许多思想认识和教育观念方面的新变化。加强和改进高校学生管理工作的对策是：在明确管理目标的基础上，树立科学的管理理念。高校学生管理工作应变被动为主动，"以人为本"，强调学生的主体性，注重学生的主观特性，尊重学生的个性发展；坚持教育与管理相结合，强化学生自我管理。在此基础上，高校还应积极探索新的管理模式，完善学生管理体制，建立变分散为集中的管理，变多中心"小而全"为集中的"精而专"，变间接管理为直接管理；健全学生管理制度，使高校管理科学化、法制化；积极运用管理进网络、管理进社团、管理进公寓等新手段，拓展学生管理工作空间，运用现代化的教育管理手段，使高校学生管理工作进一步科学化、制度化、规范化。

一、高校学生的特点

（一）思想认识多元化

作为学生管理工作的客体，高校学生一般具有以下特征：一是思想具有社会性。高校学生思想状态源自社会，紧跟时代步伐，社会上的一切重大情况、现象及其对青年的影响都会从高校学生身上表现出来。二是认知具有能动性。高校学生是最富有主观能动性和积极创造性活力的群体，他们在接受思想政治教育时往往从自己的主观出发，具有主动的选择意向，这也体现了他们独具个性的自我认知状态。三是身心的可变性。高校学生是一群从生理到心理正在趋向成熟的群体，特别在心理上、思想上，可塑性极大。在时代变动、社会转型的宏观背景下，有理想、有追求是学生的主体要求。通过大量的问卷调查和对座谈会记录的分析，可以肯定的是，学生的主流是好的，他们有较高的思想素质和道德观念，有较强的责任感和使命感，其思想状况可以概括为以下几个方面。

1.爱国热情高涨，理想信念坚定

从总体上看，当前高校学生的思想政治状况是积极、健康、向上的，主流是好的。令人欣喜的是，高校学生保持了较高的爱国热情，能理性地看待国家改革、发展面临的机遇和困难，对保持稳定的政治局势和经济的可持续发展有信心。高校学生所密切关注的国内外大事和工作主要集中在涉及国家根本利益与建交关系上。今天的高校学生，把个人的前途同国家的发展联系在一起，因而他们关心国家大事，关心国家的发展，也关注着发展中存在的问题。有所不同的是，对发展中存在的问题，今天的高校学生分析判断的能力增强了，观察分析问题比较客观、冷静，多了一份理性思考，少了一份情绪激进，应该说，这是高校学生思想成熟的表现。

2. 健康积极看待人生，务实进取实现自我

健康积极、务实进取是学生人生观和价值观的主流。相比以往，今天的高校学生更加注重自我价值的实现，并渴望能将自己对社会的贡献和个人价值的实现统一起来。高校学生健康积极的人生态度主要表现在绝大多数学生的基本价值判断上。学生务实进取，有着强烈的社会责任感和历史责任感，他们渴望施展才华，为国家和社会做出自己的贡献。在处理个人、集体、国家三者利益关系的问题上，大多数学生认为"在关键时刻个人利益要服从国家和集体的利益"。同时，对社会公益活动，如献血和志愿者服务等，绝大多数学生表示乐于参加。尽管高校学生人生价值观主流健康向上，在价值判断上高度认同奉献精神、社会责任感、国家和集体的利益高于一切等，但在具体的价值选择上，部分高校学生还是会更加注重自我发展、自我实现，这使得学生的人生观、价值观呈现出多样化的特征。

3. 拥护高校教育改革，注重全面素质提高

随着我国高校教育改革的不断深入，改革的成果正在逐步显现出来，高校学生作为这些改革措施最直接的受益者，自然地成为高校教育改革的拥护者和促进者。与改革相伴而来的是社会的快速发展，激发了学生成功、成才的愿望和自觉性，使学生更加注重自身素质的提高。

高校学生十分关注学校的建设和发展，对高校教育改革，特别是其中有利于自身发展、提升自己社会竞争力的改革高度认同。学生赞同全面推进素质教育、深化教学改革，对改革毕业生就业制度和鼓励高校学生自主创业持肯定态度。高校学生们认为，高校后勤社会化改革转变了高校后勤的社会服务意识和服务观念，使学校的学习、生活条件有了一定的改善。身处校园的高校学生已经逐渐开始走向社会，他们渴望通过高校的学习来丰富和完善自己，占领就业上的制高点，赢得发展上的主动。相比以往，高校校园学习气氛更加浓厚，学风也有了明显好转。由于社会和家庭环境等多方面的影响，高校学生在智能结构、性格特征、心理品质和社会使命感等方面又有与同龄人不同的表现：①自我意识突出，自主性较强。由于知识储量

的增加，高校学生追求自我选择、自我内化，这是高校学生与同龄人区别最显著的标志。由于高校学生自我意识突出，自主性较强，他们会千方百计地实现自我价值，使高校学生群体呈现出勇于创新的勃勃生机。但是，如果有的学生自主选择不当，选择的方向和内容就会与社会要求不相适应，甚至有违背社会政治道德的倾向。因此，加强学生管理工作，帮助他们树立正确的人生观和价值观，引导他们将自我价值的实现与国家、社会的需要紧密地结合起来是十分必要的。②社会责任感呈现情绪化色彩。高校学生具有较强的社会责任感。但是，由于社会经验不足，高校学生的社会责任感往往带有情绪色彩，在社会发生重大事件的关键时刻常常出现偏差，导致事件的后果和预期不同。这更加说明要加强学生管理工作，时刻关注他们的思想动态，引导、帮助高校学生健康成长。

（二）生活学习方式多样化

学生从高中升入大学、高职高专后，就进入人生一个新的起点。不管是在学习上还是在生活上都会与原来有很大的不同。

1. 生活方式多样化

生活方式是指人们在衣、食、住、行、爱好、文化活动、民俗风气等方面的方式和行为习惯。在高校里，每一个学生的生活方式都不尽相同，有的学生把自己大量的时间都放在学习上；有的学生利用业余时间来打工挣钱；有的学生喜欢运动；有的学生喜欢和同学们结伴去旅游等。

2. 学习方式多样化

进入高校后，高校学生普遍感到知识浩如烟海，各类活动繁多，这为每个人的发展提供了广阔的天地。以什么样的学习方式可以处理好课本知识与课外知识、专业学习与能力培养等诸多方面的关系是许多高校学生深感矛盾、困惑的问题。高校学生的学习除了听课这一主要途径，还有自学途径、学术交流途径、多媒体教学途径、社会实践途径等。以多样的学习方式进行学习是学生必须掌握的一项基本功。高校学生学习和获得知识的方式和渠道多种多样，随着学分制的推行和素质教育要求的提出，高校学生自选专业、自修课程、自定目标、自我发展的意识相对增强；随着高校学生居住公寓化和后勤服务社会化的不断完善，因住宿、生活、学习而结识在一起的高校学生群体逐步扩大，这些都是学生学习方式和组织形式多元化的具体表现。

3. 性格特征复杂化

高校学生性格特征的复杂化主要在以下几种现象中特别突出。

（1）务实与实惠的调和。高校学生虽然能较冷静理智地看待社会实际，但更多地关注与他们自身的生存发展相连的社会实际。个人发展机会、职位的高低和工资收入成为高校学生择业的重要评价指标或选择条件。

（2）渴望与满足的不协调性。高校学生迫切了解新知识、吸收新观念，对知识学习的要求较为强烈，选择知识的目的性逐步增强，但这些不能只满足热门、自己的喜好和眼前的需要，对自己的业务知识、能力水平、综合素质等方面需要有正确的判断，并要设立更高、更全面、更长远的目标与要求。

（3）心理及个性化发展的不协调性。

在现在的高校学生中，独生子女的比例较高，他们具有较强的自我意识、竞争意识和自强精神，追求个性化发展。因此，他们的集体主义观念、团队协作精神需要提高。一些学生对学校、社会的期望值较高，但对社会的复杂性认识不够；自我意识较强，重视自我价值，但对现实自我价值的认识不足。

二、加强和改进高校学生管理工作

（一）明确管理目标

高校是依据培养目标来实施管理的。从以下四个方面去考核管理目标是比较合理的。

1. 心态方面

心态其实是决定一切的。这个心态应该是科学的、贴近实际的、符合社会发展方向的、中西方先进理念相结合的。高校学生要有很强烈的社会责任感。今天的高校学生就是明天建设祖国的栋梁，他们在社会主义现代化的进程中起到了举足轻重的作用。要有意识地给他们压担子，让他们多参加社会实践，帮助他们尽快地接受这个社会，热爱这个社会，报效这个社会，对今天高校学生的要求是要让他们有理性的思考。

2. 文化方面

应该说，中西方文化并不是对立的，它们都是现代文明的一笔丰厚的遗产。要培养有付出的心态，要特别注意培养他们的团队合作能力，要组织他们共同做事情，潜移默化地告诉他们合作的重要性。

3. 消费观方面

高校学生要有正确的消费观，今天的高校学生有可能会享受到改革开放带来的成果，要看到享受这个成果本身也是经济发展的需要。当然，高校也要引导他们量力而行，将自己的消费建立在客观可行的基础上，建立在科学的基础上。

4. 文明礼貌方面

要引导学生做一个有文明礼貌、尊老爱幼的良好品行的人。随着对外开放的发展，许多人有机会到国外去旅游观光，要引导他们做一个高尚的人，做一个能被世界接受的人。

（二）树立科学的管理理念

21世纪高素质、高质量的人才是具有高度责任感、熟悉中国国情、致力于解决中国及世界经济建设和社会发展的实际问题的人才；是具有创新精神、创业精神、创新能力、实践能力，有能力解决中国及世界经济建设和社会发展实际问题的人才；是能活跃于国际舞台、活跃于信息化时代、活跃于市场经济条件下的竞争环境、活跃于终身学习社会的人才，而高校的任务正是要为社会管理出这样的人才。因此，这就需要高校树立科学的管理理念。

第一，营造环境的重要性。具体表现为：①营造好的制度氛围。我国正在做这方面的努力，尽管成果初现，但是还不尽如人意，要从制度做起，要营造积极的小环境。实践证明这是可行的，如有些学校优美如画的校园、良好的道德环境、和谐的人际关系等小环境就非常有利于学生的健康发展。②学校领导和教职员工的示范效应。如果家长是学生的第一任老师，那么学校领导和广大的教职员工就是学生的第二任老师。心理和社会角色定位使学生的言行富有模仿性，也最信赖他们的老师，把教师看作知识的化身、高尚人格的代表以及他们天然的学习榜样。教师的示范效应是由于学生本身的心理角色定位而形成的。因此，对学生的要求也就是对老师自己本身的要求，按照"社会认同原理"，一定要做学生的楷模和偶像。③运用管理学的"破窗原理"，发现有不好的现象及时地消除掉。管理学的"破窗原理"是指有一扇窗户玻璃被打碎了，如果不及时修补，那么第二块、第三块，乃至第四块、第五块很快就会被打碎的。对学校出现的不好的现象一定要及时纠正。

第二，管理必须以学生为中心。在高校教育改革不断深化的今天，学生管理者应重视转变管理观念，只有管理观念的更新，才能实现学生管理的创新，做到既按照合格人才的标准严格要求、精心管理，还要根据学生特点，充分发挥其良好个性；既坚持宏观指导，又深入学生进行个别引导、教育；既坚持用统一的制度和培养标准去要求学生，又坚持按不同层次评价和教育管理学生；既坚持宽严结合，又做到动态管理，从而提高管理的实效性和科学性，促进管理水平迈上一个新的台阶，更好地实现学校培养"四有"合格人才的目标。树立"以人为本"的管理思想是做好高校学生管理工作的首要前提。人本理论是现代管理科学经常用到的主要理论之一，它在现代企业管理中起着很大的作用。现在，我们从教育管理这一角度探讨人本理论在高校学生管理工作中的应用，树立学生管理工作人本价值观，以人为本，尊重人的本质的主体性、能动性和多样性，这是学生管理工作从传统走向现代的创新之路。

第三，要注重人的主体性。在学生管理工作的过程中，高校学生既是管理的客体，又是管理的主体。因为高校学生管理归根到底是对学生的管理，从管理的决策、组织实施到目标的实现，都要依靠高校学生，故高校学生是管理中的主体。另外，高校学生还需要管理者的教育引导，学生同时也是被管理者，从这一层面来说，高校学生又是管理的客体，两者应是辩证统一的。所以，在管理工作中应该确立"以高校学生为中心"的思想，开展的一切管理活动都是为了服务于高校学生，要尊重高校学生的人格特点，最大限度地发挥学生的主动性与创造性，使之能够以主体的姿态积极参与管理活动，主动接受管理和开展自我管理。

第四，要注重人的主观特性。人是有思想感情的，人的认识过程是一个复杂的系统，理性的思维过程是建立在情感、欲望等主观特性基础上的，它必须以人的基本要求、积极情感和意欲作为动力，正所谓"理乃情之所系"。列宁说过："没有人的情感，就从来没有，也不可能有人对真理的追求。"如果人的非理性本能要求、情感经常处于被压抑的状态，就不会有真正的理性之光。心理学研究表明：人与人之间的信息交流与传递必须具有一定的心理基础，如果在信任心理基础上进行交流，教育者发生的思想信息和目标要求往往会被受教育者顺畅地接受，并能产生积极的行为效应。高校学生管理工作主要是由高校学生管理者和高校学生组成，他们纯粹是由"人—人"构成的管理系统，如果在管理中不充分渗透"人性"，重视师生的情感交流，就难以调动学生的积极性和主动性。所谓情感管理是指在管理过程中尊重人的个性特点、考虑人的情感因素，强调师生之间进行双向情感交流，尊重人的情感，其关键在于"以情感人"。这就要求管理者在按章办事的同时，真心实意地为学生服务，急学生之所急，想学生之所想，对学生进行情感投入。同时注意把握学生的情感反应，通过情感沟通，了解学生的实际情况和出现的问题，并给予指引和教育，以达到有效管理的目的。

第五，要尊重人的个体多样化。人的个性是客观存在的，由于人性是历史的，也是具体的，而不是抽象的、超历史的，因此人都具有个体差异，表现出各种不同、多姿多彩的个性。作为管理对象的人，具有不同的社会属性和时间、空间属性。管理对象个体由于学习动机、兴趣、价值观等的影响和支配以及原有的知识经验、情感意志等因素的制约。在接受教育管理中，个体的思想行为必然带有鲜明的个性色彩，对同一问题具有不同的看法和态度。这就要求我们在做学生管理工作的时候，要面对现实的人，全面准确地把握不同的管理对象所具有的共同特征和个性差异，针对不同对象的思想实际，制订不同的计划，提出不同层次的要求，并且运用不同的方法，有的放矢地解决不同管理对象的各种矛盾和思想问题。高校学生由于家庭条件、社会经历、个性特点、气质、能力和兴趣爱好的不同，思想活动的内容和特点也就千差万别、错综复杂。

因此，在教育管理过程中，必须尊重学生的个性发展，因人而异、因材施教，要把学生管理工作做得有差异性和针对性。高校学生管理工作要以学生为中心，具体应该做到以下几点。

第一，学校的主体是学生，一定要坚持以学生为中心。市场经济有一个很重要的理念就是：客户虽然不一定都对，但客户都很重要。用到学校应该是：学生虽然不一定都对，但学生都很重要。有了这样的理念，我相信一定能做好学生工作。学生和老师不是对立的，而是同一个硬币的两面，教育与被教育是相辅相成的。这个理念要求学校要经常开展老师与学生之间的对话与沟通。老师在教育学生的同时，自己也在接受教育；学生在接受老师教育的同时，也在潜移默化地影响着老师。

第二，学生管理要重在服务。以人为本是要落实在每一件工作中，服务是互相的，服务是高尚的，服务发生在每个人的身上。

第三，强调自我管理模式。学生自我管理，是指学生在学校指导下根据教育目的和培养目标的要求，运用现代科学管理方法，对自己的思想和行为进行自我调节与自我控制的过程，是学生自我认识的提高、自尊心的形成、自觉行为习惯品质的养成和自我奋发精神的培养过程。为了适应新形势、新情况，学生管理工作要从以学校管理为主向学生自主管理转变，要让学生了解学校的管理目标，变管理为高校学生的自觉行为。从心理学上说，任何人都不希望有人管理，可以有领袖、有楷模，但不要有管理。学生的自我管理应该体现在：首先，由他们自己设定管理规范，由自己设定的管理规范，在执行起来自觉性要高得多；其次，这个规范尽可能地自由多一些，限制少一些，文化多一些，制度少一些；最后，要让更多的学生参与管理，发挥他们的聪明才智，使学生在自己管理自己的过程中，既发挥自己的才能，锻炼、培养自己，又对自己的行为有所约束，使学生在具有健全人格的基础上，千姿百态，各展其能。不要让少数人管理多数人，最好能让大家都有参与管理的机会，这样既可以加强沟通和理解，也可以在管理中发现更多的人才。高校在强化学生自我管理的同时，还要注意帮助学生明确自我管理的意义，指导学生运用自我管理的方法，提供学生自我管理的机会等。

第四，以表扬为主，建立激励机制日常用的激励方法有：①理想激励法，即通过激发学生的理想追求，鼓励学生为实现自己的人生价值而努力学习和工作，这种激励法可以增强学生的自豪感；②目标激励法，即通过引导高校学生不断朝着制定的目标奋进，使他们感到学习工作有奔头，这种激励法可以增强高校学生的责任感；③信息激励法，就是信息的交流与反馈，使高校学生明确自己学习工作进展的情况，从而引发高校学生的危机感，增强其紧迫感，使其更加努力地朝着目标奋进；④精神激励法，就是从高校学生的文化精神生活出发，通过表扬或授予一定的荣誉称号等来鼓励他们不断前进；⑤物质激励法，就是通过一定的物质奖励手段来满足学生的生活需要，调动他们的积极性，增强他们的实惠感。在运用激励法时要因人、因事、因地灵活运用，并且要讲究时机，适度运用，这样我们的管理就会取得更好的成效，管理水平就会自然而然地提高。

三、完善学生管理体制

学生管理是对在校学生的全方位管理，内容比较广泛，涉及学校的多个部门，需要各部门协调一致，理顺各部门关系形成合力，以应对学生管理面临的新问题。在高校学生管理工作中，一是要加强学生工作机构的建设，强化其组织协调功能。理顺学生管理系统各部门、各层次、各岗位的职责权限关系，建立健全责任制，做到责任到岗，责任到人，责、权、利相统一。二是要适当放权，发挥基层作用。现行的高校管理体制是以校、系两级职责分明、条块结合的学生工作网络和运行机制为显著特征的，校、系应组织担负对学生进行思想教育和行政管理的双重任务。因此，既要赋予系开展学生管理工作的职责，又要让其拥有开展学生管理工作所需要的权力，做到责权统一。适当下放管理权限给各个系，便于其及时发现问题，及时教育处理，可提高管理工作的实效性。三是进一步推行校系一级学生工作体制的党政融洽，协调统一。四是实行年级辅导员制，与学分制相适应。强化以系为单位的年级管理，进一步增强班级管理、专业教学之间的融合力度。强化并不否认班级管理，因为在学分制的条件下，学生班级仍然是一个重要的学生单元组合，应纳入学生管理体制。

四、健全学生管理制度

学生是学校最大的群体，学生管理工作的成效直接关系到整个高校的稳定与发展。高校教育改革迅猛发展，使高校越来越成为没有"围墙"的校园。高校学生智商高、知识面广、观念更新周期短、法律意识不断增强，高校学生个体之间、个体与学校之间的权利和利益关系也变得更加复杂，这迫切要求学生管理工作要运用法律和规章制度调节规范各主体之间的关系。依法治校、依法对高校学生进行教育和管理是高校教育的任务，也是高校学生管理工作的指导思想。因此，建立科学、规范、完整的学生工作规章制度是学生管理工作的需要。高校应按照国家有关法律规定，依据本校实际情况，制定完整的、可操作性强的程序、步骤和规章制度，并以此规范学生的行为，行使有效的管理。

第一，高校在对学生的管理中，必须依法制定全方位的规章制度，并对现有的规章和条例进行清理和修订，过去行之有效的方法和改革成果应予以继承，同时要充分考虑整个社会法制的进步和依法治校原则对学生管理的要求，无论是修订原有的规章制度，还是重新制定规章制度，都要注意与国家的法律法规、方针政策相一致，在规范管理的同时，要注意保护学生享有的合法权益，真正体现法的价值。

第二，要更正一种错误观念，即仅仅将法律作为一种工具和手段来治理学校和办理一切事情，把法制化管理理解为"以罚治校，以罚代管"。"管理"并非管制，"管理"是管理和服务的统一，要把法律作为管理学校的依据和最高权威，因为法律除具有惩罚、警戒、预防违法行为的功能，更重要的是还有评价、指引、预测人们行为，保护、奖励合法行为以及思想教育等基础功能。

第三，建立学生保护机制，保护学生的合法权益。可以建立学生申诉制度，使学生权利得到保护。

五、改进学生管理方式

高校学生管理工作应以改革创新的精神，积极探索新途径、新方法、新手段，大力推进学生管理工作进网络、进社团、进公寓，形成学生管理的新格局。

（一）学生管理工作进网络

网络技术使教育发生了根本变革，它日益成为高校学生获取知识和各种信息的重要手段。网络文化具有内容丰富、传播快捷、环境放宽、覆盖面广、难以监控等特点。高校应充分利用网络这一现代化手段，搭建起有效的信息网络，积极拓展高校学生管理工作的新领域。计算机技术是信息时代的高科技技术，是高校学生必须掌握的一门应用技术。因此，要正确引导和教育学生健康地使用计算机，真正提高高校学生的网络知识层次。

第一，要加强网络道德和心理素质教育，增强高校学生的自控能力。应定期举办网络知识和网络讲座，对上网同学从思想上进行正反两个方面的教育，树立学生的责任意识，以增强他们的是非敏感能力和鉴别能力。

第二，要加强网络管理，严格入网要求。一方面，要提高校园网主页质量；另一方面，要加强与校外网吧的联系，帮助学生走健康上网之路。

第三，要引导学生开展一些丰富多彩、健康向上的活动，多举办一些与学生利益相关的计算机知识竞赛和问答。

第四，要培养团队精神，增加人际交往，实现师生之间、学生之间、学生与学校之间的网上交流，拓宽学生思想教育工作的渠道。学生管理工作者应掌握网络信息技术，学习网上教育方法，及时收集、分析、监控网络信息，发现学生关注的热点、难点问题，尤其是带倾向性、群体性的问题，应及时采取有效措施，有针对性地做好工作。

（二）学生管理工作进社团

校园文化是以学生为主体，以课外活动为主要手段，以校园精神为主要特征的群体文化。生机蓬勃、稳定和谐、健康向上的校园文化氛围，可以使高校学生在参与中陶冶情操、规范行为、开启智慧，产生一种归属感和安全感，有利于增强学生客观认识自我、完善自我以及自我判断、自我发展的能力。在素质教育发展下，高校社团如雨后春笋般兴起，形成了一股"创立社团热"，社团文化建设已成为校园文化建设的一个核心内容。应该说，无论是早期的文学社、艺术团、学术沙龙，还是近期的公关协会、科技开发中心等，都是青年学生在不同层次需求的驱动下，展示才华、锻炼能力、加强联系、获得沟通的好场所，其中不少社团也是教育者理解学生，调适教育行为，提高教育效果的好渠道。高校学生管理工作者应该充分利用社团，开展社团的思想指导和管理工作如下。

第一，要提高校园社团文化的活动层次。加强校园社团文化建设就是要努力提高社团文化建设的层次，使它接近或略为超过高校学生的理解能力和欣赏水平，从而更适合高校学生的口味。

第二，要加强学生社团的规范与管理。学生社团是学生自我管理，自我教育的重要形式。学校要加强对社团组织的管理，使社团在开展活动时注意遵循以下原则：一是学生社团必须服从学校的领导和管理，学生社团应在法律、宪法和校纪校规范围内活动，不得从事与社团宗旨违背的活动；二是学生社团邀请校外人员到学校进行社会政治和学术活动，必须经学校同意；三是学生社团面向校内发布的刊物，必须经学校批准，并接受学校管理。

第三，要注意坚持开展校园社团文化活动的长期性与实效性。有些地方开展校园文化活动存在着节日时活动较多、平时则活动较少的现象，需要注重学生从活动中获益，只有这样的活动与教育目标才是相合的。

（三）学生管理工作进公寓

随着高校后勤服务社会化步伐的加快，学生公寓的环境氛围、文化设施、管理服务的质量以及公寓的管理模式都对传统的高校学生管理工作提出了新的挑战，也给高校的稳定工作带来了新的问题。因此，学生管理工作进公寓是高校教育改革与发展的时代要求，是高校学生管理工作者的战略抉择。

学生管理工作进公寓是一项全新的工作，也是一项艰巨的工作，我们要根据当前学生公寓管理特点，建立学生管理工作新的组织形式、工作机制。例如，辅导员进驻学生公寓，与学生同吃、同住、同生活；使学生党团组织建到公寓，充分发挥党团组织引导人、团结人、凝聚人的作用；建立学生公寓的自我管理组织，努力把学生公寓建成学生自我教育、自我管理、自我服务的场所；积极组织开展公寓文化建设活动，为学生管理工作创造良好的环境条件和氛围等。

学生管理工作进公寓，要特别重视加强对高校学生集群行为的控制与引导。一方面，要教育引导高校学生全面、客观、辩证地思考问题；另一方面，要建立正常的信息反馈和对话机制，针对问题，因势利导，及时进行情绪疏通，从而加强对高校学生集群行为的控制与引导。

21世纪需要的是综合素质高且具有创新精神和实践能力的高级人才。要实现代教育理念下的高校教育教学管理观这一目标，新形势下高校学生管理工作必须变被动为主动，确立以人为中心的管理思想，把学生看成既是管理对象，同时又是管理的主体，在管理中充分发扬民主，调动学生的积极性，加强自我管理。同时，高校还需要不断加强学生管理工作队伍建设，探索新的管理模式，运用现代化的教育管理手段，使高校学生管理工作进一步科学化、制度化、规范化。只要不断学习和积极探索，高校学生管理工作就一定能适应新形势的要求，为人才的培养做出更大的贡献。

第三节 高校考试管理创新

　　课程考试是高校教育教学过程中的一个重要环节，是评价教学得失和教学工作信息反馈的一种手段，也是稳定教学秩序、保证教学质量的重要途径之一。因此，如何搞好高校课程考试管理，使之科学化、规范化、合理化，是高校教学管理工作的一项重要内容。将高校课程考试管理视为一个整体，运用系统论的方法对其存在的主要问题进行分析和研究，并提出高校课程考试管理改革的原则性建议与措施，形成如下主要观点：高校课程考试管理是以高校课程考试为对象，以提高考试活动效率，检测教师课堂教学质量，发现教学中存在的问题，充分评估学生的学习效果和学习创造能力为目的的管理活动。严密科学的考试管理可维护考试权威，实现课程考试的功能，树立踏实进取的考风。考试管理系统是由观念、计划、目标、机构、人员、技术等多种因素组成的综合性动态系统。

　　要实现高校课程考试管理科学化、规范化、合理化，关键在于推进考试观念的深层次转变；建立考试中心，完善考试管理规章制度；培养和建设高素质的考试管理队伍；实施科学的教考分离；考试方式多样化；重视平时考试；实行全程管理。

一、高校课程考试管理的构建

（一）高校课程考试应遵循的基本原则

　　课程考试是教学过程中十分重要的环节，它不仅要完成对学生在经历一个教学过程后学习情况的评价任务，而且要检查教师的教学效果与水平、诊断教学中存在的问题，反馈在教与学过程中的各种信息，进而发挥促进教学改革的作用。考试所特有的检察测评、导向、激励、鉴定和系统整合五大功能是其他教学环节所不能替代的。高校课程考试必须适应社会发展的需要，必须适应被考者的身心发展水平，必须有利于促进和客观评价学生综合运用所学知识解决实际问题的能力，必须有利于提高教师教学水平，以保证不断提高人才培养的质量。考试原则是从事考试活动、处理各种考试问题、规范考试行为所必须遵循的基本原则。课程考试管理是一项基本的教学管理，是保证考试的公正性与客观性，正确发挥考试功效，促进教学工作的关键环节之一。考试管理质量直接关系到教风、学风的建设和教学质量的提高，是衡量学校办学水平、管理水平的重要标志。加强高校课程考试管理应遵循以下原则。

1. 方向性原则

考试管理是管理者根据既定考试目标要求，运用适当的程序、方法、手段及行为规范，合理调配人、财、物、信息等资源，对考试活动实行有效控制，以实现共同目标的一种社会活动过程。考试管理既因一定管理目标的需求而启动，又以实现预定目标为归宿，其管理过程的产生与形成不但以一定的管理目标为先决条件，而目标本身总要体现为一定的方向，目标的正确与否要以所引导的方向是否正确作为衡量的标准。因此，科学的考试管理必须坚持方向性原则。

2. 科学性原则

科学性原则是指运用现代管理理论、教育测量与评价理论、教育管理理论、心理学理论等作为充分的科学依据，使考试管理活动具有可靠性、可信度，并采用科学的考试管理方法、成熟的管理经验，使考试管理活动行之有效，以利于实现预期的管理目标。

3. 公正原则

考试管理公正与否，关系到考试的权威性，反映的是校风考风的建设程度，而且考试直接关系到被试者的切身利益，直接影响着被试者的心理，影响着个体对社会的态度。因此，我们要积极地创造条件使考试尽量接近公正。

4. 系统原则

系统是指由相互联系、相互作用的若干组成部分构成的有机整体，这个整体具有其各个组成部分所没有的新性质和功能，并和一定的环境发生交互作用。考试管理是一项系统工程，它包括教学管理工作、思想政治工作、后勤保障工作等方面，涉及教学系部、学生处、党团组织、总务、保卫等部门，教学管理部门要妥善安排，使考试工作井然有序地进行。

（二）高校课程考试管理运行条件的探讨

考试管理，其目的在于维护考试的标准规范，维持考试实际运作与计划方案相一致，使考试沿着预先设定的轨道运行。保证考试结果的真实性，并从中分析成功与失败的原因，探明修正的途径，通过反馈给新的考试运行提供理论及实践的依据。将考试目的从观念形态转化为现实形态，高校课程考试管理的正常运转应具备以下条件。

1. 健全的考试组织机构

若无健全的考试组织机构，自然也就谈不上深入开展考试实践中相关问题的研究，要不断更新、完善考试的理论，用以指导新的考试实践，进而强化考试主动适应社会发展需求的能力，使之正确发挥其功能。考试组织是考试队伍的依附体，如果考试组织不健全，就不可能形成稳定的专业考试队伍，整个考试的设计、实施与管理必然是临时拼凑，量尺标准、实施规范、结果真实的施考目标就难以企及。

2. 素质优良的考试管理队伍

一切先进的控制技术设备、各类考试行为规范、各项工作标准都有赖于高素质的控制者通过对人的有效控制才能充分发挥其作用，进而给考试运行以积极的影响。培养和造就一支高素质的考试管理队伍是保证考试质量、提高考试效率和效益的需要。参照考试管理系统的运行环节，考试管理队伍可以划分为考试行政队伍、考试业务队伍、考试科研队伍三类。考试行政队伍是考试队伍中常规性的人员配置组合，它包括学校、职能部门和教学单位的领导者和一般行政工作人员。考试行政队伍的职责是负责考试管理机构各项职能活动的顺利进行和考试管理目的的有效实现。

如果说考试行政队伍的建设是源自加强考试活动外部组织管理的要求，那么考试业务队伍的建设就是出自考试流程内部运行的要求。考试活动是一个动态的运行过程，其流程要经过命题、施测、评卷等依次相连的环节，各个环节都事关考试的质量。考试科研队伍是伴随着现代考试改革和发展的深入而显示重要性的一支必不可少的考试队伍，其职责是结合高校教育教学实际、重点研究课程考试的理论与实践问题，从而为学校的考试活动提供理论指导。高校课程考试时间的非经常性决定了考试管理队伍的非专职性。也就是说，他们基本上都是兼职考管人员。应该特别指出的是，为了保证课程考试质量的不断提高，非专职性的考管队伍应该具有专业性的水平。

3. 健全的考试规范、严密的考试程序和科学的考试控制标准

实行考试控制的依据和准则是引导考试运行方向、防止考试运行偏离预定轨道的保障措施。同时，它也是维护考试权威性、公正性的必要条件。所谓考试规范，亦即考试运行的规程和参与考试活动各类人员的行为准则，它是控制考试运行的直接依据，一般包括考务规程、命题细则、监考守则、考场规则、评卷实施细则、考试信息管理规定、保密规定、违纪处罚规定等。严密的考试程序是指考试命题、实施到评价分析反馈、考场编排、各类工作人员配置等各个环节都要严格要求，注重考试的整个过程。科学的考试控制标准包含时间标准，如命题制卷、考场设置、实施测试、阅卷评分、考试结果分析处理等的起止时限要求；数量标准，如考点设置、考场编排、试卷长度和满分值、试卷印制与分装、施测环节各类工作人员配备、阅

卷人员及所需设备配置的数量规定等；质量标准，如考号及考场编排的科学性，考点、考场设置的规范性，各类人员配置的合理性，施测控制的严密性，试题编审和试卷印制的合格率，试卷分装的标准性，评分、计分、登分、核分的准确率或差错率以及考试成绩的可靠性、有效性和公正性。

4. 良好的信息传输与反馈机制

倘若没有确切的信息反馈，科学的统计方法和先进的技术手段就谈不上对考试流程进行富有实效的控制。从整个考试的过程来看，考试质量分析是信息反馈的主要途径，应该根据考试结果为学生提供反馈，以检查教学目标的实现情况，检查教学措施的实施效果，发现教与学两方面存在的问题，从而改进教学工作。从教师自身而言，在试题反馈分析的过程中，能够及时收集来自学生的真实信息是一笔难得的宝贵财富，是一次向学生学习和自身学习的过程。通过试题反馈分析，教师不仅可以了解学生的学习需求与希望，看到命题中需要改进的问题，并能从这一教学情景中获得许多启示和感悟。通过与学生交流，促进教学反思，在反思中学习，在反思中丰富教学经验，从而提高教学能力。

从教学管理的角度而言，组织试题反馈分析的过程就是检查、反思、总结、促进教学相长的过程，它为今后命题、考试、评价等方面教学管理工作积累了宝贵的经验，同时也可以为教学双方提供一个平等、真诚的教学交流和情感互动的平台，对师生双方都起到了积极的促进作用。通过考试的质量分析，能够使考试决策层及时客观地了解考试的情况，从而对考试活动中出现的种种偏差进行分析，以探明考试造成偏差的原因，并进行调节和控制。良好的信息传输与反馈是保证考试决策正确的重要依据，也是促使考试走向科学化的必要措施。

二、高校课程考试管理改革的对策

高校课程考试管理是一个由多因素组成的相互制约、相互促进的封闭动态系统。因此，改革高校课程考试管理应该坚持系统论的观点和方法。

（一）推进考试观念的深层次转变

思想观念是行动的先导，"欲革新，先革心"。转变高校领导、教师、管理人员乃至学生关于课程考试的观念，是推进高校课程考试改革的前提和基础。这里要强调指出的是，高校领导、教师和教管人员要在思想上真正承认考试是一门科学，要真正弄清、弄懂这门科学，因为只有了解、掌握了考试的理论，运行规律、方法与技术，才有可能在课程考试中正确、有效地运用这门科学。必须正确认识考试管理是一项关系考试成败、人才培养质量的系统工程。考试活动是一门科学，考试管理活动是考试活动的重要组成部分。因此，考试管理理所当然也是一门科学，考试管理不仅是一门科学，也是一项系统工程。对高校领导、教师和教管人员来说，一是要真正认识考试管理是一门科学，是一项关系考试成败、人才培养质量的系统工程；二是要学习、掌握这门科学，了解、熟悉这一系统工程的特点、运行规律和控制理论与方法等。唯有如此，才能够确保课程考试组织实施的科学有效性。

（二）建立考试中心，完善考试管理规章制度

考试管理要系统化、规范化，必须建立健全考试管理机构。考试是一项系统工程，为保证考试的顺利进行，提高考务人员的业务水平和考试管理质量，高校应该成立考试中心，统一管理高校课程考试。作为高校考试的综合管理机构，考试中心的职责与任务包括以下几点。

1.统一规划、组织和实施高校的课程考试

传统课程考试的模式是高校制定统一的要求，各教学单位自行命题、制卷、施测、评卷、登分，有的高校有总结评估的环节，有的高校没有。课程考试既事关人才培养质量，又是一项科学性、技术性很强的系统工程，应该由学校即考试中心统一规划、组织和实施。

2.建立、完善课程考试管理规章制度并坚持严格地实施

课程考试的主要目的和功能是育人，是有利于人才的培养和成长。为了实现这种功能，达到这种目的，课程考试及管理就必须科学严密。课程考试是一项科学性、技术性很强的系统工程，故对其管理必须有一整套科学、合理、严密的规章制度，并在课程考试中坚持严格地实施。

3.针对学校课程考试的实际和需要，开展课程考试的评估与研究

对实施的课程考试组织分析、评估和根据需要开展针对性研究一直是高校不够重视的环节，而这又是一项提高课程考试质量，进而有利于促进人才培养质量提高的重要工作。所以，这将是考试中心的一项重要任务。

4.承担考试管理方面的人员培训

课程考试的监考人员一般是临时和兼职的，对其进行培训是必需的，如组织他们学习《监考须知》《学生考试行为规范》以及《考试违规处罚条例》中的各项条例等，要求他们以高度的责任心和严肃认真的态度对待每一场考试。

（三）培养和建设高素质的考试管理队伍

精干的考试管理队伍，是有效发挥考试管理功能的根本条件之一。严明的法纪可以使考试管理从制度上得到保障，健全的机构可以从组织方面保证考试管理功能的正常发挥。课程考试属校内考试，与社会考试相比，其规模较小，只是学校工作中的一项，且时间上是间断的。然而，这一切并不意味着课程考试管理就不需要高素质的管理队伍。所以，高校应重视课程考试管理队伍的建设。考试管理队伍包括：①科研队伍。考试实践证明，没有科学的考试理论做指导，就不会有成功的考试实践，尤其是现代的考试管理，更需要科学的管理理论、方法、技术和手段。只有在考试管理实践的过程中，有重点、有针对性地开展考试及考试管理方面理论、技术、方法等的研究，才能使考试工作决策符合科学化的要求，从而发挥考试应有的功能，促进学校发展。②行政队伍。考试行政队伍直接关系到考试管理机构各项职能活动的顺利进行和考试管理目的的有效实现，对提高考试管理工作质量具有重要的意义。③业务队伍。考试业务队伍是应考试流程的运转出现的，随着各自环节职能的实现，相应的业务队伍也就暂时失去了存在的需要。它包括命题队伍、实测队伍、评卷队伍及评价、监督队伍。

兼职性、非常设性和专业性应该是高校课程考试管理队伍的基本特征，也应该是高校抓这支队伍建设过程中应遵循的基本原则。所谓兼职性和非常设性是指课程考试管理队伍的组成人员不可能是专职的（学校考试中心的人员例外），这一部分人员只占整个队伍的很小的比例，他们平时可能工作于校机关、教学单位或学校的其他单位，只是在学校组织课程考试时才成为考试管理人员。所谓专业性是指这支队伍的成员应该具有专业化的水平，即他们中的绝大多数人虽然不是以考试管理为职业的，但他们都应该了解和熟悉自己在考试管理中，所从事的那一项工作所必须了解和熟悉的理论、技术等专门知识技能，并具有搞好这项工作的较强的能力。没有职责就无所谓管理，高校对这支特殊队伍的管理也应同对其他队伍的管理一样，分工明确，职责明确，考核明确，奖惩明确。

（四）实施科学的教考分离

教考分离制度是一种现代教学管理手段。所谓"教考分离"是指将教学与考试分离进行，即将过去某一课程由任课教师自己命题、自己评分的做法改为从规范、标准的试题库中筛选、组合出符合要求的试卷，或由教学管理部门组织教学经验较为丰富的非任课教师依纲命题，并统一组织考试，统一评阅试卷。实行教考分离的目的是提高考试的质量和水平，为学生成绩的评定、教师的教学评价以及教学管理决策提供科学的依据，它有利于促使教师授课全面系统地贯彻教学大纲的各项要求，促进学生端正学习态度和良好学风的建设，这样既能促进教师的教，又能促进学生的学。另外，还充分体现教师的主导作用和学生的主体作用相结合的教学原则，充分调动师生的积极性。推行高校的教考分离需从以下四点入手。

1. 加强宣传，统一思想

推行教考分离的首要任务是加强对教考分离制度作用和意义的宣传，从学校上层、中层到教师，层层推进，调动各方面的积极因素，使认识统一到培养合格人才上来，以有利于逐步实施教考分离制度。

2. 科学合理地安排实行教考分离的课程

从教学总体效益上讲并非每门课程实行教考分离都有利，如文科类的一些课程，本身要求学生涉猎广泛，如果把试题局限于课堂内的几本书，显然不利于培养学生的能力。又如理科的一些专业性很强、难度很大的后续课程，学校常常只有一两个老师熟悉课程内容，推行教考分离也不太切合实际。因此，学校应该在充分调查研究的基础上，科学合理地安排实施教考分离的课程。

3. 积极修订教学大纲，为课程实施教考分离创造前提条件

教考分离制度将教与考分为两条线，没有课程大纲则无法组织有效的教学，更无法组织有效的考试。因此，高校应积极组织力量修订、制定课程大纲，为课程实施教考分离创造前提条件。

4. 建立高质量的题库，使教考分离更科学化

实行教考分离的重要途径是建立科学的题库，科学的题库可以提供各种规格、各种层次及科目的试题。采用试卷库的试卷可以克服教师命题随意性等相关问题，学校内部考试通过这方面的改进可提高校内考试的质量与权威性。建设科学的题库、卷库并非一蹴而就，它既是一项阶段性的、多方人员合力攻坚的综合技术工程，也是一项长期的、由专业技术人员不断充实、革新、完善的系统工程。在高校中因学科、专业的多样性，试题要注意学科性、专业性以及适应学生能力、教学水平变化的需要。

（五）考试方式多样化

学校应鼓励教师根据本门课程的性质选择灵活多样的考试方式，突出课程的考核重点。在国外，高校考试的方式在二十种以上，如无人监考考试、论文、开卷考试、阶段测试、试验和实地考察、答辩、专题讨论、口头演示、同学评价、图片演示、设计、制图或模型、个人研究项目、小组研究项目、自评、以计算机为基础的评价、

资料分析、书评、图书馆运用评估项目、课堂表现、作文、实习和社会实践笔记或日记、口试以及闭卷考试等。高校基本的考试形式可采用以下七种：①闭卷考试。这是指考试中不允许携带和查看任何资料的一种用笔答卷的考试方式。②开卷考试。这是指考试中允许携带和查看资料的一种用笔答卷的考试方式。该方法根据允许携带和查看资料的限制情况，可分为全开卷考试和有限开卷考试或一页纸开卷考试。全开卷考试指考试中允许携带和查看任何资料；有限开卷考试或一页纸开卷考试是指在考试中，允许携带和查看规定资料或写有学生自己总结和归纳课程内容的一页纸。③口试。这是指应试者通过口头语言来回答问题的一种考核方法（答辩考核），它是面试中常用的一种。④成果考试（如设计、论文、报告、制品等）。这是指应试者就某个具体问题或任务、项目通过查阅资料、计算、绘图和制作等环节，用规范的方式做出书面表达或形成实物作品的一种考核方法。⑤操作试。这是指通过应试者现场操作或具体的工作实践，直接检测应试者所具备的从事某种工作的现有素质、技能与能力的一种方法，包括实务作业、样本操作和模拟操作等测试方式。⑥计算机及网上考试。这是指直接在计算机上答卷的一种考试方式。⑦观察考核。这是指通过对学生一定时期的观察，对其做出评价的一种考核方法。

每种考试方式各有其特点，单凭一种考试方式不可能全面反映学生综合运用知识的能力，应采用其中几种方式相互组合以取长补短，这样既可以考查学生掌握知识的程度，又可以检验学生运用所学知识解决实际问题的能力，使考核结果更全面。还可以通过奖励措施鼓励并引导学生从多方面、多角度，用多种方法来解决同一问题，以培养和发展学生的创造思维能力。选择最佳的考试方式是提高考试效度的重要途径，适当灵活的考核方式能够进一步提高学生的学习主动性和自觉性，从而进一步巩固和深化所学课程的知识，举一反三、触类旁通，这样既能帮助学生培养良好的学习习惯，又能锻炼他们各方面的能力，从而达到育人的目的。改革考试形式并不是简单的问题，它需要各方面的配套改革措施，需要有规范的教学政策和条件来支持，尤其要求改革传统的教学管理体制。考试形式与教学思想、教学内容、教学方法、课程安排和师资队伍建设等都密切相关。所以，考试方式的改革不仅需要鼓励广大教师改革考试的内容，还需要各方面的配合与合作才可能取得成功。

（六）网络化考试——知识和信息时代高校考试的改革方向

21世纪是知识和信息爆炸的时代，高校课程考试方式和内容应与时俱进，顺应知识和信息快速发展的局势，充分运用信息时代网络信息平台提供的方便，使考试管理既严肃、科学，又灵活、多样和开放瑚我们要以激发学生的学习和探索知识的兴趣为前提，使学生处在相对轻松的课程学习过程中，为掌握更多的知识和提高分析解决问题的能力而学习，以提高教学质量。

1.实施网络化考试，顺应知识和信息快速发展的局势，提高考试质量

从考试方式上，提出打破传统的以闭卷考试为主的方式，应根据不同专业、不同课程的性质或特点，灵活运用闭卷、开卷、笔试、门试、答辩、论文、操作等多种考试形式和方法，并增加考试机会。从考试内容上，提出拓宽考题所涉及的内容，增加考核学生分析和综合运用能力的题型。在命题时，要严格考试命题，坚持教考分离，严格命题环节，加强试题库建设。在评价中，可以通过学生自评、学生互评、小组评价、教师评价等多种形式进行。通过这些丰富多样的考核形式，能促使学生开放性个性和创新意识精神的形成。

2.网络考试的概念

网络考试是指通过局域网或者互联网，并利用计算机进行考试的行为，网络考试和在线考试以及网上考试的概念都是一致的。网络化考试将传统考试的各种工作流程通过计算机实现信息化和电子化的管理，使各种考试可以在网络平台下实现，它包括组卷系统、考试系统、阅卷系统、成绩查询分析系统、试卷制作管理系统。该种考试形式在实现无纸化考试的同时，也强化规范了教学评估的手段，适应多媒体教学的层次和水平，同时提供了科学准确的教学研究数据，具有传统考试形式不具有的优势。

3.高校全面实施网络化考试的条件已经具备

目前，高校已有完善的网络系统，包括信息联网共享系统和大型计算机房以及许多学生都有自己的个人电脑，高校实施网络考试的硬件已经具备。同时，高校具有一批高水平的计算机专业知识的教师和相关技术人员；所有高校学生在入学第一学期都有计算机基础应用的课程，这为进一步提高学生的计算机理论和应用打下了基础；许多成熟的网络考试平台或软件已应用于不同行业的考试中；许多高校都有计算机和信息技术相关专业等，这些都是高校实施网络考试的软件。通过合理的调配和运用这些硬件和软件，高校已具有了全面实行网络化考试的条件。

4.网络化考试的优点

网络化考试是一种新的高校考试管理模式，它具有以下优点。

第一，网络考试要求具有高质量的科学性、全面性、难易程度和测试学生综合学习水平和能力等方面的题库。在我国高校，无论从规模、数量和质量以及师资水平各方面，已具备各专业和学科标准化和高质量的题库建设的要求。要通过由不同高校相同专业推选优秀的专业教师组成考题题库的命题机构，收集、整理历年题库和命题，并在此基础上根据不同课程的发展现状，建立不同专业课程的高质量的试题库。由于命题机构是由同一学科优秀的专业教师组成的，试题的科学性、全面性、难易程度和测试学生综合学习水平和能力等方面会得到最大限度的提升，并且会不断通过不同学校学生考试效果的检验和随着学科的发展而不断改进和更新。

第二，网络化考试有利于培养和考核学生分析解决问题的能力。由于试题的科学性、全面性、难易程度和测试学生综合学习水平和能力等方面的优化，能够考核学生的学习效果和分析解决问题的能力，这同时要求和促使教师不断地自我学习，改革和改进教学方法、教学内容和教学水平，促使学生不断改进学习方法和学习态度，以提高其综合学习能力。

第三，由于有了高质量的题库和网络考试，使同一门课程不同时间进行多次考试很容易实现，使学生处在一个相对宽松的探索知识和提高分析和解决问题能力的学习环境当中。

第四，实施网络化考试提高了考试成绩的区分度、效度和信度。由于统一的高质量的试题和科学的评价标准以及试题的科学性、全面性、难易程度和测试学生综合学习水平和能力等方面的提升，使考试成绩的区分度、效度和信度具有科学性。

第五，实施网络化考试能够节约人力资源。实施网络化考试能够节约教师的命题和阅卷时间，可以使教师把更多的精力和时间用于教学和科研上，以不断提高教学水平和教学质量。

第六，实施网络化考试有利于学生更好地运用网络信息探索和学习科学知识，从而培养学生良好的上网习惯。实施网络化考试除了具备科学性、全面性、难易程度和测试学生综合学习水平和能力等方面的题库外，与之相适应的相关学科的网络学习和复习资料也能为学生的学习辅导提供方便。学生在进行长期网络课程资料的查询和学习中，会潜移默化地引导他们把网络作为探索学习的主要工具。

第七，实施网络化考试具有巨大的经济和社会效益，对构建节约型的可持续发展的社会具有积极的作用。例如，能够节约大量的纸张和油墨等消耗性和污染性的资源，从而对减少土地和植被的消耗以及减少环境污染起到积极的作用。

第八，高校实施网络化考试对推动网络考试的全社会普及有着重要的示范作用。作为科学技术创新发展主要源泉的高等学校，对推动科学技术转换为生产力起着巨大的示范作用。高校实施网络化考试必将对推动网络考试的全社会普及有着重要的示范作用。正是由于网络化考试明显优于传统考试形式的诸多优点，实施网络化考试成为高校考试改革的一个重点方向。

第八章 高校教育教学的实践创新

第一节 高校教育教学创新之 VR 课堂

一、高校 VR 课堂的教学实践

VR 技术在高校教育教学中的应用途径多种多样，主要应用于日常性的课堂教学、多样的实验教学课程以及数字图书馆的建设等方面。VR 技术的广泛应用，极大地提升了学生的学习兴趣，完善了教学环境。VR 技术已成为高校高效率开展工作的重要组成。

（一）高校 VR 课堂教学的应用

VR 技术在高校基础教学中的应用主要集中在两个方面：基础的课堂教学和实验教学。

1.VR 技术在课堂教学中的应用

课堂教学是高校教育教学的主要方式，也是最基础的方式。当下多媒体教学已经普及，但是这种以二维图像为主的多媒体方式更能吸引学生的注意力，激发学生的热情。VR 技术能够将现实世界进行多维的信息化呈现，将其应用到课堂教学中，可以丰富教学内容，同时这种新颖的技术可以吸引学生的注意力，提高学习的积极性。例如，在学习建筑结构相关知识的时候，VR 技术就可以发挥自身优势，构建一个多维立体的建筑模型，教师可以根据教学需求，将虚拟的模型通过计算机进行改变，学生可以达到身临其境之感，加深学生对知识的认知与理解。VR 技术可以将枯燥的课堂变成生动有趣的课堂，提高课堂的教学效率。

第一，课堂教学的技能训练。技能训练一般需要对简单的工作进行反复练习，以达到熟练程度。根据 VR 技术的特点，其具有显著的交互性与沉浸性，因此将其融入技能训练，将有利于学生专注地置身于虚拟环境模拟出的训练场景中，通过与虚拟场景交互来实现技能训练。如在医学领域中，学生可以通过虚拟交互系统模拟出的手术场景，操作完成一台手术，期间可以虚拟描绘出手术过程中的任何一种细节，学生通过这种实践教学，不但能够进行反复练习，而且真实模拟了现实情况，同时又不存在风险。

第二，课堂教学的探索学习。VR 技术与传统实践教学工具不同，它不存在材料的消耗和维护，可以在课后向学生开放，促进学生自主实践的兴趣，在实践过程中不断提出自己的条件假设，并对此进行模拟验证，从而培养学生通过虚拟交互系统的实践探索能力，促进学术进步。例如，对电子与电气相关学科，学生可以在不购买不消耗任何电子器件的基础上，在虚拟实验环境下搭建自己设计的电路，并进行可行性分析；对环境领域的学生，只需要在虚拟实验环境中搭建出温室效应的模型，就可以完成温室效应的影响因素分析。总之，基于 VR 的交互系统与高校实践教学相结合，能够提高学生对学科领域的学术探索精神。

2.VR 技术在实验教学中的应用

VR 技术在实验教学中的应用，可以发挥 VR 技术的交互性特点，实时为学生提供有效的实验数据，指明实验操作步骤，解决学生在实验中的困惑。教师在这一教学过程中，可以通过 VR 技术实现对学生的针对性指导，提高实验教学的效率。学生在虚拟教学环境下，可以通过实验数据资料的指引完成实验操作，提升自身的实验水平。

高校实验教学作为教学与生产、社会实践紧密结合的环节，既是 VR 技术的潜在重要使用者，同时也是 VR 内容的重要提供者，并可能成为 VR 技术研发的重要引领者。因此，高校实验教学应对 VR 技术发展的策略应当是：根据自身发展实际情况，积极、主动适应新技术革命的变化，以开放适应、引领的态度和行动去面对 VR 技术对教学的影响。

第一，厚植基础，继续推动高校开展实验教学领域的虚拟仿真项目教学改革。全国高校已经建设了几百个国家级虚拟仿真实验教学中心，覆盖了大多数部属高校和一大批地方所属高校以及军队院校。省级教育行政部门也开展了省级虚拟仿真实验教学中心建设工作，建设数量约为全国层面的两倍。按照平均每个虚拟仿真实验教学中心建设几十个虚拟仿真实验项目估算，仅获得省级和全国层面认可的虚拟仿真实验教学项目就有几万余项。在现有基础上，高校应继续根据自身的教学实际需求，按照问题导向和目标导向的原则，创造性地开展虚拟仿真实验项目建设。

第二，优势共享，以搭建在线开放虚拟仿真实验项目平台为契机助推优质资源共享。在线开放虚拟仿真实验平台建设，就目前来看，在全球范围内还没有类似的集成式平台，既属于集成创新的范畴，又属于中国特色高校教育管理的优势领域；平台建设要注重顶层设计，坚持成熟一批、推出一批，确保推出的实验项目已经在学校、区域或行业内试点，并获得基本认可；坚持符合专业实践教学发展方向，对不能很好反映教育教学规律、不能体现专业教学需求、不能适应时代发展的实验项目，不进行平台支持；坚持创新驱动，鼓励与行业、企业合作共建共享，推动教学形式创新、技术创新、组织模式创新等各项创新；坚持互利共赢，确保集成平台与分布站点之间保持平等互利关系，确保实验效果和网络通畅。注重科学分类，体现平台为学生服务、为高校服务的目标。可以考虑按照专业类型进行分类，如工、农、医等，也可以细化到专业类；可以按照区域进行分类，如华北、东北等，也可以细化到省份，甚至到达市级层面；可以按照技术类型进行分类，如虚拟类、仿真类、增强现实类、增强虚拟类，可以按照实现技术，如软件类、硬件类等进行分类；可以按照实验类型进行分类，如演示性、验证性、综合性、设计性等。总之，分类的目标是为了实现多维度的快速检索，提供更为便捷的服务。要注重规范建设，为实验项目可持续发展奠定基础。在平台建设初期，要注重对外展现和使用的统一化，进一步要注意虚拟仿真技术的接口统一化，逐步实现虚拟仿真实验开发标准的统一。

第三，主动介入，以高校实验项目的使用为需求引导中国虚拟现实产业发展的方向。美国高盛集团发布的报告显示，2020 年 VR 教育市场规模将达到 3 亿美元，而 2025 年将达到 7 亿美元。根据以往的历史经验，信息技术对教育的投入，往往可以带动其他行业实现十倍以上的营业收入。VR 产业在我国的发展，高等学校实验教学领域可以从供给和需求两侧综合发力，实现高校教育与 VR 产业发展的深度融合，体现高校人才培养、科学研究和社会服务的综合功能。

从供给侧看，首先，高校实验教学基于已有的虚拟仿真实验项目研究，可以为 VR 技术的发展提供技术支撑。其次，作为现代信息技术人才培养的主要基地，高校实验教学承担着培养 VR 技术研发人员的重任，可以为产业发展提供人才保障；最后，高校实验教学领域是虚拟仿真教学内容的重要提供方，也是解决 VR 产业应用内容初步设计和研发的主要承担者，通过将教学内容在更大范围的推广与应用，促进 "VR+" 相关产业的发展。从需求侧看，高校实验教学是 "VR+ 教育" 的具体使用方。需求决定供给，有效的需求将引导供给的方向。因此，高校实验教学改革要关注 VR 技术的发展，注重 VR 技术与人才培养的深度融合，注重理顺生产实践和社会发展的虚拟实践与真实实践的关系。从长远发展来看，VR 技术的兴起、发展，将会对未来高校教育的教育教学形态产生越来越重要的影响，高校实验教学研究和改革人员要从提高人才培养质量角度出发，对 VR 技术可能产生的技术革命保持高度关注，并积极介入其中，推动和引领整个高校教育教学与现代信息技术的深入融合。

3.VR 技术在高校实训教学中的推广

第一，前期投入成本。尽管近几年 VR 技术得到了迅速的发展，但 VR 设备及其软件开发的成本还是比较高的。如果高校在实训教学中引进 VR 技术，需要的设备数量不是一个小数目，引进初期仅在设备购置这一项的投入资金就是相当大的。

第二，场景的建模。VR 设备的使用需要虚拟场景的支撑，而虚拟场景的开发离不开虚拟现实建模，所以在实训教学中，如何根据实训教学的需要建立合适的模型成为该项技术应用的重要前提。面对不同的学校、不同的专业、不同的教学目的，实训的种类繁多，根据不同的实训内容构建不同的 VR 实训模型。

第三，统一标准，共享平台。VR 场景的开发是一项复杂的工作，如果每一个高校都根据自己的要求来开发 VR 相关的实训教学内容或系统，从全国范围来看，就会造成资源的浪费域可以由政府牵头规范，制定一个统一的 VR 教学开发的标准全国范围内的高校可以合作共同开发，并构建共享平台，这样不仅能节约教学资源，而且能节省开发时间。

第四，VR 技术应用在实训中的教学设计。VR 技术的革新日新月异，在教学实践中为了能够让学生及时了解和掌握这些技术，能够更好地理论联系实际，并做到与时俱进，高等院校在实践教学中应引入虚拟现实技术以物流仓储实践教学为例，具体教学课程设计如下：①实训前的理论教学。在进行实践教学之前，需要先让学生了解物流仓储系统，仓储是一个系统工程，大致分为入库、盘点、分拣、包装、出库等。先把学生分为几个组，分别对应这几个作业流程。让每个组的学生都认识一下各个流程，为实训打下理论基础富。②虚拟现实教学。利用 VR 技术，展示某仓库的布局及其设施，通过预先的设计，学生可以通过触摸按钮，对某一设备进行更具体的观察和认识，并进行比较。每一个设备都会配有对应的说明以及注意事项，从而让学生对仓储有个大致的直观认识。③安全教育。虽说是虚拟现实环境，但也要按现实生活可能遇到的非安全因素，对学生进行相关的安全教育，利用 VR 技术先让学生身临其境地观看易出现状况的环节和出现状况后正确的应急处理方式。这样才能在学生遇到实际情况时，知道该如何处置。④实操训练。按之前分好的组别，模拟某电商仓库的日常运营（训练主题不仅限于此），在进行模拟实训过程中，对学生出现的违规操作以及不安全的操作，可以在操作的界面引入警报系统。当出现这些操作时，界面就会出现红色闪烁报警，提醒学生出现错误，并会扣掉相应的分数，同时设有加分环节，来表扬那些操作得当和娴熟的学生。⑤实训总结。最后会在模拟实训结束后，系统会根据每位学生在实训过程中的表现，进行评比打分，并打印出实训成绩单，包括最终的分数和扣分的原因。实训结束后，学生要根据成绩单和实践训练写实训报告，交给指导老师，并由老师给予指导建议。

（二）VR 技术在高校数字图书馆中的应用

图书馆是高校学生重要的综合性学习场所，图书馆的数字化建设是符合现代化知识教学要求的。高校数字图书馆信息技术的引入，便利了学生的借阅，在一定程度上改善了学生缺乏阅读兴趣的问题，但是初步的信息化并未将图书馆在高校教育教学中的主体地位凸显出来。VR 技术在高校图书馆的应用，则可以有效地提升学生在图书馆学习知识的意识。VR 技术可以将图书馆资源进行全面、立体、真实地呈现，可以为学生提供丰富全面的参考资料，提高学生阅读学习的主动性。

二、AR/VR 技术对高校教育教学模式改革创新

（一）AR/VR 技术对高校教育教学模式改革创新的影响

AR 通过计算机技术将模拟的信息叠加到真实世界，真实的环境和虚拟的物体实时融合到同一个画面中。AR 允许用户看到真实世界以及融合于真实世界之中的虚拟对象，因此增强现实是"增强"了现实中的体验，而不是"替代"现实。AR/VR 对于促进教育发展，增强学生的注意力和学习兴趣具有明显优势。通过师生双向的交互，提高学生沉浸感和想象力，使学习的深度、广度有所增加；在教学情景创设、学习模式创新方面、AR/VR 创设探究与体验情境，学生由被动学习变为自主学习、体验学习、探究式学习，显著提高了学习效果。高校教育教学模式的改革一直与信息技术息息相关，从传统的课堂教学手段到图文教学，再到多媒体教学，以 AR/VR 为代表的可视化技术教学，必将对教育影响深远，已经成为教学发展和改革的新方向。2017 年 1 月 19 日国务院关于印发《国家教育事业发展"十三五"规划》指出：要全力推动信息技术与教育教学深度融合，综合利用互联网、大数据、人工智能和虚拟现实技术探索未来教育教学新模式。

（二）AR/VR 技术对高校课堂教学模式改革与创新的内容

教学模式是指在一定教学思想或教学理论指导下建立起来的较为稳定的教学活

动结构框架和活动程序。教学模式的框架结构一般包括教学思想或教学理论、教学目标、操作程序、师生角色、教学策略和教学评价等因素。不同的教学理论、教学目标、师生角色等都会形成不同的教学模式。作为结构框架，突出了教学模式从宏观上把握教学活动整体及各要素之间内部的关系和功能；作为活动程序则突出了教学模式的有序性和可操作性。AR/VR 技术在教学中的应用会对教学目标、师生角色、教学策略、教学评价等因素产生一定程度的影响，增强学生的主观能动性和创新能力培养，对高校学生的学习兴趣具有提升作用，从而提升高校课堂的教学效果。

1. 重构教育教学理念

传统教学理念是教师教、学生学，一般的过程是教师先教授理论知识，学生再到实际环境中体验和应用。AR/VR 技术具有沉浸性、构想性和交互性，使得学生的学习具备了情境认知特性。情境认知理论认为，大多数知识都是人的活动与情境互动的产物。如果能为学习者提供接近于真实的学习环境或仿真情境，对提高学习者学习热情与对所学知识的理解掌握就会大有益处。AR/VR 教育思维不是告诉学习者什么叫知识，而是让学习者自己尝试直接体验知识，从学习知识到体验知识是一种学习方式的转变。在 AR/VR 技术下的教学中，学生通过虚实结合，与场景互动，变被动学习为主动探索学习，改变了教学思维和形式。

2. 改变教学目标

在传统教学中，教学的主要目标就是教师教授学生知识。AR/VR 模式下的教学可以通过学生的互动操作、师生互动等方式促进学生主动参与和自主学习，其主要目标是通过体验式学习提升学生的学习兴趣以及加深学生对知识的理解，提升课堂教学效果。

3. 操作程序的改变

每一种教学模式都有着其对应的操作程序和逻辑步骤，即围绕课堂师生先做什么，后做什么。在传统课堂中，操作程序更多的是针对教师来说的，是教师如何安排组织课程的讲授、测评等过程。AR/VR 模式课堂教学中，互动教学环节会增强，有时候课堂必须要学生互动参与才能完成教学任务，课堂测试等环节的运行形式也与传统课堂有较大变化，使整个课堂的教学顺序发生了改变。

4. 师生角色转变

传统教学的普遍形式是教师在讲台上讲，学生在下面听，课堂总是以教师为中心，这种形式导致学生没有自我性，认为课堂跟自己无关，通常在课堂上做自己的事，听课效果不好。AR/VR 模式下教师可以针对不同的学生设计不同的内容，提出不同的要求，往往要求学生互动完成，这样的课堂更多的是围绕学生来开展，以学生为课堂的主角，教师作为引导者，这种师生角色的转变可以增强学生课堂学习的积极参与性。

5. 教学策略的变化

教学策略是指在教学过程中，为完成特定的目标，依据教学的主客观条件，特别是学生的实际，对所选用的教学顺序、教学活动程序、教学组织形式、教学方法和教学媒体等的总体考虑。在 AR/VR 技术支持下，教学活动不再都是以教师的教为主，更多的是围绕着学生的学展开，教学的组织形式和教学方法也会发生改变。

6. 教学评价方式的改变

在传统课堂中，一个教师对多个学生，教师对学生的课堂评价比较难以实施，特别是个体学生的评价。在 AR/VR 教学环境下，教师可以通过学生的交互活动，由 AR/VR 教学系统自动实现对学生的个体评价。例如，在叉车结构知识点学习中，可以设置一个叉车结构的测试题，让学生自己动手选择，系统自动判断正误，实现对学生知识掌握情况的测试。此测试可以同时对所有学生进行，可以解决传统课堂教师提问学生受时间限制的问题。教学评价是双向的，除了教师考评学生，学生也可以及时反馈教师的教学效果，以便老师清楚地了解学生对知识的掌握情况，在后续的讲解中有所侧重，从而提升课堂教学效果。

第二节　高校教育教学创新之慕课

一、高校基于慕课的新型教学模式探索

当前，基于慕课的教学模式日益渗透我国高校教育的课堂，慕课的教学理念也推动着我国高校教育人才培养方式的转变。"慕课来潮"对高校培养人才和实现内涵式发展是一个难得的机遇。对此，慕课有哪些优势，是否适用于高校的教学，高校如何构建基于慕课的新型教学模式，值得深入探讨。

相对传统课堂教学模式和一般的网络课程，慕课主要具有以下两个方面的优势。

（一）慕课给我们带来广泛的、优质的、模态化的教育资源

现开设的慕课突破了国际和校际壁垒，并不局限于传统的学科，而更注重课程

的综合性、实用性和普适性，既有涉及国际前沿的理论课程，如"博弈论"，又有应用型和通识类的课程，如"英文写作""食物、营养与健康"等。

在慕课中，教师讲解环节主要通过视频实现。慕课的授课视频一般经过师资团队反复研究制作而成，大部分视频的主讲是名校名师，专业师资团队对专业知识的讲解一般比单个教师课堂讲授的质量更高。慕课课程的设计能够突出每门课程的特色，课程教学内容主要以模块的形式呈现。通过约10分钟的微视频把知识体系分解为单元模块，突出知识要点，这有利于学习者集中注意力和利用碎片化时间学习与理解。

（二）慕课体现了以学习者为中心的教育理念和教学模式

1.慕课能够兼顾学习者学习能力个性化的要求

传统课堂主要以教师为中心，教师按照一个版本，面向学生群体统一授课，这难以照顾不同学生个体的能力差异。在慕课中，学习者可根据自己的学习能力自主选择课程内容和难度等级，自主调节学习进度，如果遇到难点或外文课程的语言障碍，就可以回播教学视频继续学习。这种个性化的学习方式有利于增强学习效果。

2.慕课能够满足学习者学习方式多样化的需要

在慕课平台注册的学习者可通过多个社交网站、论坛，运用多种社交媒体与教师、同伴讨论和交流，形成"师生互动"和"生生互动"，共同解决学习问题。学习者在慕课平台中可通过授课视频内嵌测试、在线测试、线下作业等多种方式加强训练；可利用在线教材注释、在线虚拟实验室、可视化游戏等软件辅助工具做课程笔记和模拟实验；可借助教师评价、同伴评价、自我评价所构成的多元化评价方式审视自身学习效果和不足，以便总结提高。

3.慕课让学习者在学习时间和地点选择上更具有灵活性

在传统课堂中，学生修读课程需在规定时间到指定课室听课或做实验。慕课课程在时间安排上相对灵活，也没有固定的地点。学习者可以自我计划和管理学习时间，主动营造良好的学习环境。

二、慕课的适用性

慕课的到来为我国高校教育人才培养模式的改革提供了一个很好的机遇。我国高校在把慕课运用到教学实践中，需要考虑慕课的适用性，因地制宜，针对不同高校、不同类型学科课程采取不同的实践模式和应用策略。

（一）不同类型高校可采取不同的应用慕课的策略

对国内一些综合性研究型高校，在利用国际慕课资源的同时，可开发一系列品牌课程参与到国际慕课平台之中。对普通本科院校和职业院校而言，其策略以吸收、引进和利用国内外慕课资源为主，利用慕课资源实现内嵌式教学课堂以提高教学质量，再根据高校自身的学科优势选择性地开发一些特色专业类或技能型的慕课课程，参与到全球慕课平台中去。

（二）慕课对不同学科课程的适用性不同

慕课在技术和制度设计上尚不成熟，高校教育不同学科课程有不同的知识结构体系和不同的思维能力要求，因此慕课对一些学科在教学过程中的应用有一定的限制性，并非适合所有学科课程的教学。慕课的学科课程适用性具体表现在：一是慕课本质上属于网络课程的范畴，对理论课程的教学，可以借助慕课实现优质教育资源的共享，优化教学设计，提高教育质量，但对实践课程，慕课的实用性并不强。实践课程更多地需要学生现场做实验、实地调研等才能有效培养学生的操作技能和实践能力，而慕课难以实现实地操作和现场体验。即使有些慕课课程试图用虚拟实验室来模仿实验，学生也不能获得如化学实验所释放气味的真实感受。二是慕课更多地应用于以结构化知识传授为主的程序化的学科课程，对高阶数理推导和逻辑思维训练的学科课程的适用性较小。三是目前慕课的授课语言以英语为主，少数课程配有中文翻译字幕，这对外语类课程和双语教学的课程而言，慕课是十分合适的教学资源，学生通过慕课既可学习地道的外语，又可汲取专业知识，而对其他课程，慕课的大范围应用还有赖于中文版本慕课的开发。

三、高校慕课应用教学模式的构建

慕课具有优质教育资源和先进教育理念的优势，而实体课堂又弥补了课堂难以督促学生、无法面对面交流和开展实践活动等不足。因此，只有将慕课与实体课堂相结合才是有效应用慕课推动教学模式创新的可行途径。对高校而言，慕课与实体课堂结合的主要形式是将慕课作为课程主体内容，构建翻转课堂；或是将慕课作为课程的强化与补充，形成混合式学习。所谓"翻转课堂"（Flipped Classroom）是把传统课堂的"先教后学"模式翻转为"先学后教"的新型教学模式。在上课前，学生独立完成对教学视频等教学资源的学习；在课堂上，学生在教师指引下进行作业答疑、协作探究和互动交流等活动。混合式学习（Blended Learning）在形式上是在线学习与面对面学习的混合，在内容上涵盖多种教学理论的混合、教学资源的混合、教学环境的混合和教学方式的混合。当前促进高校课程教学改革的一种有效路径是突出资源整合和教学互动，充分利用慕课课程资源，将慕课与实体课堂相结合，建立基于慕课的翻转课堂和混合式学习。具体而言，高校可着力构建"课前设计、慕课学习、课堂互动、实践拓展"四位一体的慕课应用教学模式

（一）课前设计

在课前设计阶段，由任课教师事先设计课程的体系结构、筛选合适的慕课资源、制作教学视频、提供预习资料，给学生在之后的慕课学习和课堂互动阶段提供导航。课前设计是慕课应用教学模式必不可少的阶段。由于慕课平台所提供的课程并没有严格的课程体系结构，教师在开课之前告知学生关于课程的体系结构和相关的基础知识，可让学生对课程有一个整体把握，避免学习后形成"知识碎片"。由于慕课的课程比较多，而学生对课程的甄别能力有限，且不同学生的能力层次和学习需求存在较大差异，教师在课前设计中筛选合适的慕课课程推荐给学生学习，并为学生设计不同的学习路径以供选择，可帮助学生选择适合自身学习能力和学习需求的优质慕课课程。

（二）慕课学习

在慕课学习阶段中，学生根据教师课前布置的学习资料，自行观看必修模块的慕课教学视频和选择性地学习选修模块的慕课教学资料，并完成相应的作业，以便对课程新知识有一定的了解，找出疑难之处。该阶段的学习一般在课外完成，学生可根据个人情况适时调整教学视频学习的进度，遇到授课语言障碍或知识难点，可反复播放视频或查阅相关学习资料，以便加深理解。在慕课学习阶段，学生可以自控式地深度学习，获得个性化的学习体验，完成"知识传递"的过程，该阶段的"先学"是实现下一个阶段课堂互动"后教"的基础。

（三）课堂互动

课堂互动是基于慕课的翻转课堂教学模式的核心，是真正实现"以学习者为中心"的课堂组织过程。在课堂互动阶段，学生在教师的引导下，进行作业答疑、小组讨论、协作探究等学习交流活动。学生的学习过程一般由"知识传递"与"吸收内化"两个阶段组成，在慕课学习阶段学生完成了"知识传递"的过程，而在课堂互动阶段的主要任务是促进知识的"吸收内化"。例如，对经管类课程，知识的吸收内化

侧重通过问题讨论和案例分析等方式促进知识的综合应用；对外语类课程，则侧重语言的"输出"练习；对理工类课程，吸收内化主要是通过实验和方案设计等方式验证原理并在实践中运用。

课堂互动的主要活动包括作业答疑、小组讨论与展示、反馈评价等。在作业答疑中，教师首先根据课程大纲内容，针对学生观看慕课视频和课前预习中提出的疑问，总结出有代表性的、有探究价值的问题；其次，教师在课堂上给予学生答题思路和方法指引，由学生独立或师生共同完成作业的解答，并在作业解答和知识点梳理中达到化零为整、知识融通的教学效果。在小组讨论与展示中，学生组成小组，根据教师设置的问题、案例、场景等，开展小组讨论，通过辩论、案例分析等方式探究问题，并通过团队报告、小型比赛等形式展示小组学习的成果。这种协作学习的方式能够增进学生间的合作，提升关联体验，弥补线上慕课学习缺乏情感交流和社会关联的短板，增强学习效果。对反馈评价，在课堂互动阶段，需要通过教师点评、同伴互评、学生自评等方式，对学生之前是否自觉完成慕课学习、是否掌握基本知识要点、是否积极参与小组讨论、团队成果展示水平如何等进行多维度的评价，以便达到"以学定评""以评促学"的效果。

（四）实践拓展

高校实施慕课的翻转课堂和混合式学习模式的最终落脚点是学以致用，培养应用型人才。课前设计、慕课学习、课堂互动和评价考试并非课程构成的全部，而实践拓展也是该教学模式下课程教学的重要一环，是课堂教学的延续。实践拓展阶段以成果分享、技能竞赛和社会实践为着力点。由学生团队根据自身对课程内容的理解和学习感悟制作成视频等形式的作品，上传至网络平台，与同伴分享课程学习的成果，通过学生对知识的再创造，加深其对新知识的理解。师生根据课程内容共同开展相应主题的竞赛、调研、实验等实践活动，并给予计算相应课程的学分和学时，以达到训练学生的应用技能和提高其创新能力的教学目的。对经管类课程，可采取企业调研、社会调查、沙盘演练等。对外语类课程，可开展英语演讲比赛、英语情景剧比赛、担任兼职翻译等。对理工类课程，可让学生参与新实验开发、新产品设计、小发明制作等进行实践拓展。

总之，慕课的引入一方面提供实用性较强、覆盖面较广的教育资源，更大程度地满足高校培养应用型人才的需要，同时可以弥补高校优质教育资源缺乏的短板；另一方面，慕课的引入也带来先进的教育理念，这种教育理念强调"以学习者为中心"，注重学习能力的培养。

在这种教育理念引导下，构建慕课的新型教学模式，是推动高校教育教学改革和实现应用型人才培养目标的有力举措。

四、高校慕课教学的改革

随着慕课的快速推进，给高校的课堂教学改革带来了新的机遇和挑战。这就要求管理者要搭建更高效的资源共享平台来促进课堂教学。教师需要重建课堂教学理念，确立新的教学目标，重新组织课堂教学过程并更加注重过程化、多元化的考核方式。与此同时，教师要做好由统一化培养到个性化培养的转变，由课堂教学到多平台教学的转变，由单向教学到多向互动的转变，由人工教学管理方式向智能化教学管理方式转变。

（一）搭建有效平台，促进资源共享

慕课是与现代教育技术紧密结合的产物，慕课下的课堂教学改革需要凭借平台来运作。目前，慕课运作平台主要有公共的开放平台和校内网络教学平台，搭建好两个平台有助于教学资源的整合，有助于课堂教学改革的顺利推进。

1.搭建慕课联盟平台

对高校教育发展来讲，建立高效、共享、优质的教学资源合作机制，开展慕课建设、推动课堂教学，将有助于提升高校教育整体发展水平。在搭建慕课联盟平台的过程中，要改变过去的观念；达成推动共建共享慕课机制这一工作共识；制定参与慕课共建共享有关规章，形成和构建相应的共建共享机制。

（1）铺垫平台基础。首先，是政策基础。政府需要在政策上给慕课资源共享提供保障，特别是制订学分互认政策，协调学分互认关系，并确定慕课在教学中应用的比例。其次，是技术基础。各高校慕课建设应执行国家相应标准，实现平台的交互操作，建设的慕课能够在不同高校的平台上顺利运行。最后，是教学基础。教学的基本内容和基本要求应达到一定程度的规范和统一，为学分认证奠定基础。

（2）丰富平台资源。首先，盘活现有资源妙各高校现有的精品课程、精品开放课程、资源共享课程、课堂教学设计与创新课程、双语教学课程等课程建设项目，前期进行了大量的投入和建设。这些项目虽然已经完成了阶段性使命，但仍有开发利用的巨大空间，根据慕课建设要求和技术标准对以上相关课程进行改造，充实到平台中去。其次，引进优质资源。目前很多慕课资源平台提供了大量优质慕课资源，在尊重知识产权的基础上，通过协议等形式把这些资源课程嫁接到高校慕课平台上

去，使学习者通过一次身份认证便可学习到更多慕课平台上的课程。最后，自主开发资源。鼓励高校自主开发慕课。尤其是在平台运行初期，对高校中的选修课、公共课等共性较多的课程加大扶持开发力度，为高校校际慕课学分互认积累经验。

（3）提供平台保障。首先，处理好"权""利"关系。在平台上运行的慕课存在着知识产权和利益分配等相关问题。这就需要签署《联盟高校慕课学分认证协议》《联盟高校慕课学分收费协议》等相关协议，以及制定《联盟高校慕课制作规范》等相关制度。平衡好教师、学习者、学校和平台提供者之间的"权""利"关系，以保障慕课资源共享机制长效运转。其次，成立慕课评估组织。政府可以委托某一高校牵头成立慕课评估机构，对纳入平台的课程，组织各方面专家进行评估。尤其是教学大纲、课程目标、授课内容以及对学生应掌握的知识、技能以及应达到的水平进行信誉等级评定，为课程学分认证提供参考。最后，建立协调机制。政府是协调慕课商业化的有效保障，在校企合作过程中既发挥着助推作用，也能够敏锐地把握慕课在企业、高校之间的关系。所以，政府应该对慕课平台进行统筹管理。

2. 加强校内网络教学平台建设

在国家和各级政府的财政支持下，目前国内大部分高校都建立了网络教学平台。但从目前运行来看，需要加强以下三个方面的建设。

（1）加快网络教学平台数字化对接。高校内的图书馆信息系统、财务缴费平台、教务管理系统、毕业设计平台、网络教学平台等多个与教学密切相关的系统（平台）分属于不同的管理部门，有不同的公司开发与维护，技术参数标准不尽统一，造成师生身份认证重复操作，为教学和管理带来诸多不便。校内网络教学平台应及时和校园数字化平台对接，共享相关数据信息，使教师上课、学生学习以及其他信息查询都可以在一个身份认证下完成。

（2）加快网络教学平台的运用。首先，加强宣传。通过多途径宣传网络平台的优势，发放平台使用手册，并有针对性地开展培训工作，让更多的学生知道并使用平台。其次，出台使用网络平台相关鼓励政策。教师在网络平台上开放慕课或进行相关的课堂改革，耗时耗力，对技术要求高，学校应给予一定的资助或奖励。最后，给学生提供便利的网络学习条件。实现校园网无线网络全覆盖、便捷的活动桌椅讨论教室、快速的机房上网服务等。

（3）加强网络教学平台管理。一个合格的网络教学平台需要一套系统的管理模式，才能保证平台的平稳运行。首先，制定和完善相关管理制度。学校要出台《网络教学平台管理办法》等相关制度并及时更新制度内容。其次，及时更新课程资源"及时了解网络技术与课程资源的发展动态，实时引入和更新网络课程资源。再次，做好网络教学平台管理服务工作。做好平台设备的日常维护、使用管理，及时排查故障，确保平台始终处于正常工作状态。最后，做好网络信息安全工作。严格执行课程准入制度，定期巡查入库课程内容，防止无关信息的渗入与传播。

（二）强化过程评价，注重实际效果

传统的课堂教学改革多以公开发表论文、提交研究报告作为改革的成果来呈现。慕课背景下的课程教学改革应建立过程性、多元化的评价标准，着重考核实际课堂教学效果，这就需要采用新的策略来重建课堂教学。

1. 重建课堂理念

传统的课堂教学教师处于主导地位，教师控制着教学进度，课堂教学内容中的重点、难点均由教师来掌控，学生是被动接受知识的客体。慕课的课堂教学翻转，教学的重心由原来教师的"教"转移到了学生的"学"上，部分内容则由学生通过慕课微视频来实现，教学中的重点是在教学情境中生成的，教师的工作重心在于课堂教学设计和辅助教学。在教学理念上发生了根本性的转变。

2. 重建课堂教学目标

传统的课堂教学主要在课堂上把基础知识和基本技能传授给学生，而慕课背景下的课堂"翻转"使教学目标重建成为可能。学生可以利用课下时间通过微视频来完成基本知识的呈现、讲述与传授，课堂则成为师生探究、问题解决、协助创新的场所。学生可以不受时间的限制来掌握基础知识和技能，通过学生自主学习，掌握学习过程中的重点和难点。在课堂中，学生带着自己的问题与教师探讨、交流，从而获得新的知识建构。

3. 重建课堂教学实施过程

慕课背景下的课堂教学由于教学目标发生了变化，所以教师需要重新组织和安排教学。在教学实施过程中主要包括课前自学、课中内化讨论、课后深化三个阶段。学生通过课前观看教师拍摄的视频完成初步知识、技能的接受和理解；通过解答教师预设的问题来检验学习过程中遇到的问题或不足；通过网络交换平台和同学、教师讨论学习中遇到的问题，将仍然解决不了的问题记录下来并带到课堂教学中去。在课堂中，教师可以收集学生提出的问题，通过讨论、讲解等给予现场解答。期间，教师给学生提出具体的实践活动任务，由学生自主探究或协助学习；在课后深化阶段，教师根据学生对知识的掌握情况，提出一些拓展性的实践任务，给学生提供在真实情景中解决问题的锻炼机会，同时辅以反思、活动，促使学生课后自主探究与反思，促进知识、技能的进一步内化、拓展与升华。

4. 重建课堂教学评价模式

慕课背景下的课堂教学，在教学模式和教学方式上较传统授课模式有很大的区别，更注重过程化考核和多元评价办法。这就需要教师在教学进程中分阶段对学生进行考核，考查学生对已学内容的掌握情况、学习能力、初步运用知识分析问题和解决问题能力。教师可以针对不同的课程性质和特点，选择平时作业、阶段测试、期中考试、研讨交流、答辩、调查报告、读书笔记、项目设计、实践操作、专业技能测试、课程论文、学生互评等灵活多样的考核形式，或采用方法的部分组合。慕课下的课堂教学，需要教师以全新的视角来审视教学，重视过程化考核，注重学习者实际学习成效。

（三）发挥慕课优势，助力课堂教学

教师要熟记慕课开发及管理相关知识，指导学生学习方式的转变，调整课堂教学知识结构，利用好慕课资源。重点在于教师如何更好地促进课堂讲授与学生慕课学习相结合，线下辅导与线上辅导相结合，自主开发的慕课与其他慕课资源相结合等问题。为此，教师需要做好以下三个转变。

1. 由统一化培养到个性化培养的转变

慕课体现了一种以学生为中心，以"学"为本的教育价值取向，重视激发学生主动学习的积极性，强调学生自主学习。班级授课制下预设的假设是所有的学生有相同的基础，培养出具有该课程基本知识和技能的学生，可以说是同一化培养。而慕课则更注重学生个性化的学习需求，侧重差异化和个性化培养。

2. 由课堂教学到多平台教学的转变

传统的课程教学往往局限于课堂时间内，虽然也要求学生课前预习、课后深化，但缺少检验、交流的平台。慕课给传统课堂带来了转机，教师可以利用现有的慕课平台课程资源，打破课堂时间限制，形成实体课堂和虚拟线上的合理衔接，由单一的课堂教学转变为丰富的多平台教学。与此同时，教师可以有效利用其他网络资源，如微信、微博、QQ 空间等交流平台，来补充慕课资源的不足。

3. 由单向教学到多向互动教学的转变

线上平台的开放，无疑延伸了课堂教学时间，形成了师生、生生、个人和小组、小组与小组等多向互动局面。尤其是在"翻转课堂"中，教师的角色发生了重大变化，传统课堂中的基本知识在翻转课堂中教师不再讲授，而由学生课下线上学习。教师的角色由原来的"教学"变为"导学"，授课方式也由原来的单向教学到多向互动教学转变。

4. 由人工教学管理方式向智能化教学管理方式转变

运用慕课技术实现由有纸化向无纸化转变、由有人化向少人化或智能化转变。传统的教学资料中的教材、作业等多以纸质的形式呈现，而慕课下的课堂教学更多采用的是电子资料、视频材料、电子书、电子作业、帖子等，甚至考试也在线上进行。这就要求教师适应无纸化现代教学的需要，更新教学技能，利用好线上资源，做好数据统计与分析。

（四）把握慕课发展趋势

1. 政府引导，把握慕课发展大趋势

（1）慕课类型发展趋势。从目前来看，慕课主要有两种形式：C 慕课和 X 慕课。C 慕课，"C"代表"连通主义"，认为知识的本质是"网络化的联结"。强调知识的获取"去中心化"以及知识的创造与生成；强调的是同伴学习，其运行于开放资源学习平台。就目前的几大慕课供应商所提供的课程来说则属于 X 慕课，基本上还是传统的课程，即以教师课堂教学为主，只是通过现代的技术方式表达出来。由于 X 慕课简单易行，熟悉亲切，和传统教学模式相近，加上运营商不惜成本大力推介名校、名师、名课堂，目前发展比较迅猛。随着先进的网络技术被不断用于高校教育，人们更重视"人"在慕课中的作用（而不仅仅是技术在慕课中的作用），从而将会把 C 慕课推向新的高度。

（2）慕课建设发展趋势。从目前慕课开发的主体看，主要有运营商、高校个体和高校联盟。运营商虽然有较大的资本投入，不遗余力地进行广告推广、技术更新，但必须依靠高校优质的师资进行"原创"，高校虽然有雄厚的智力资源，但往往缺乏资金的投入和技术的指导。鉴于此，就诞生了"校企合作"式的慕课开发和"校校抱团"式慕课联盟。从发展趋势看，这两种慕课开放模式都将有很强的生命力。需要注意的是"校企合作"式的慕课开放模式，高校要重视知识产权保护以及正确处理合作开放中的角色。在"校校抱团"式慕课联盟中，要处理好高校间的权利和义务关系，遵循互通有无、优质共享、凸显特色的原则。

2. 符合校情，稳步推进课堂教学改革

不同的高校有不同的教育使命，要量力而行。一是分类推进慕课建设。通识类选修课以及部分专业选修课可以通过慕课形式来完成，或尝试"翻转课堂"等教学方法，但专业核心课程要慎重推行。对一些简单的知识点应鼓励通过慕课来学习。未来的课堂教学应更多体现知识的探索和师生的互动。二是引进与本土化慕课建设相结合。一方面高校要引进一些名校、名家的慕课资源；另一方面要立足区域联盟开发一些本土化慕课，凸显本校的办学特色。三是借鉴慕课优势，激活现有课堂教学。在普通的课堂中增添一些慕课环节，利用现代化的即时通信工具增强师生互动，把"静"的课堂教学变"动"。

3. 与时俱进，提升教学管理服务水平

传统行政化教学管理要向信息化学习与课程服务体系转变。努力为学生提供最优质的课程和个性化学习服务，为教师提供全方位的课堂教学服务。一方面，教学管理部分要充分利用大数据资源为教师提供个体化的"学情"信息，揭示在传统教育的经验模式中无法检测出来的趋势与模式，以便于教师洞察学生是如何学习的，学生理解了什么，没有理解什么，是什么原因导致学生获得成功等关键问题，从而使教师能够卓有成效地开展因材施教；另一方面，充分利用现代信息技术，通过各种学习终端向学生推送选课、空余教室、作业、讨论、考试及相关教学信息，为学生提供快速、简单、直接的各种学习服务，让学生更高效地进行学习。

4. 着重引导，培养学生自主学习能力

虽然慕课落实了学习者的中心地位，拓展了学习方式的时间界限，创设了沉浸式、社交化的学习环境，但慕课自由化的学习方式，对学习者自主性和自我约束力以及学习过程的可持续性提出了更高的要求。与此同时，海量的信息来源和知识资源，也容易使得学生无所适从。因此，高校必须着力引导学生培养自主学习能力。

五、利用信息技术促进高校慕课教学

慕课的广泛推广离不开信息技术的运用。慕课时代，对高校教师提出了更高的要求，高校教师需要充分利用信息技术促进慕课教学。对利用信息技术促进高校教育教学的途径提出相应对策如下。

（一）教师个人制作动画、电子手写板书等新型慕课资源

慕课资源如果全靠院校管理者提供经费请专人制作，那平台的更新和有效应用将得不到保障。美国可汗学院的慕课视频就是利用录屏软件、电子手写板独立完成的，费用不高，完全靠可汗个人的发挥，在手写板上完成板书。技术和教学的关系应如何对待早已是人们探讨的话题，手写板书反映了教师的思维，对学生也会有更深层的教学效果，将信息化技术的应用深入教学的精髓。此外，动画、电子手写板书完成的慕课资源在同等清晰度下能比课堂实录压缩得更小，有利于在线学习。

（二）将移动学习应用于开放课程资源的应用

目前，青年学生使用大屏幕手机浏览网络资源已经非常普遍，慕课资源如果不能在移动网络上方便点击观看就失去了生命力。因此，开发时间短、容量小的片段式慕课视频，并适用于手机平台浏览就是目前最紧迫的工作，除了传统的网络课程，微信课程等新生事物也能应用于学生的在线学习。

（三）在试点专业进行慕课的研究

慕课是否适用于所有课程还需要研究，可以首先把部分专业开展自主学习、自我发展教学形式作为研究案例，从采用形式、条件、培养目标、管理形式、评价标准等方面做重点分析，以指导提升学生创新能力为目标进行开放教育资源应用。以国际商贸和模具类专业试点课程学习方法的转型为例，由于国际商贸系所面向的就业范围广泛、模具类学生毕业后转行的比例相对较高，为使专业培养适应工作岗位的条件，根据现在师资条件难以让每个学生得到全面发展机会的现实，每个专业方向通过专业教师管理引导并实施考核，学生自主选择慕课资源进行自主学习。根据部分高质量国外教学资源、访问速度不能保证以及语言障碍等问题，学校应帮助解决，搭建良好的自主学习平台，提升学生创新综合能力。试点专业可采用贯穿学程的学分制、专业选修课体系，提供教师自由安排学习模式的可能性。

（四）教师要正确认识教育技术对自身教学的重要性

在慕课大潮的冲击下，随着现代教育技术化程度的不断提高，高校教师只有及时将最新教育技术纳入自身的专业知识体系中，才能胜任新形势下的教学工作，专业化发展道路才会通畅。以慕课为代表的新技术应用并不只是专业教育技术人员的事，而是和广大教师息息相关的。

六、慕课资源在高校的利用

嵌入学科服务强调以"为用户"为出发点，将学科信息资源与信息服务融入用户实体空间或虚拟空间，构建一个满足用户个性化信息需求的信息保障环境。结合图书馆的实体空间将慕课嵌入学科服务进行介绍。

（一）实体信息共享空间

如今图书馆的实体信息共享空间发展迅速，包括了各种形式的信息环境，如咨询空间、研讨室、学术报告厅、开放交流空间等，有的图书馆还以学科分馆为基础，按学科和专业对图书馆的空间和资源进行整合，为用户提供了更为便利的学科环境。慕课除了视频，还有非常重要的交互部分，那就是师生、生生之间的交流，可以借助图书馆的信息共享空间实现面对面的交互，如授课教师与学生之间大规模的异地实时视频讨论，可以在图书馆的学术报告厅进行，课后某一慕课学科学习小组的成员可以借用研讨室进行学习交流。利用信息共享空间，可以支持用户顺利开展慕课线下学习活动。同时学科馆员可以和用户一起进入空间，提供咨询服务，可以依据课程内容提供纸本、电子的参考资源列表以及网络开放获取资源的信息，对用户的学习提供帮助和支持。教师录制慕课课程可以借用图书馆的学术报告厅，获取配备音响、投影等较完备的课程录制环境和工具。

（二）学科服务平台

学科服务平台通常应包括学科知识资源、特色资源、学科信息门户、学科导航、学科咨询、个性化定制、主题服务、知识挖掘等信息，它是图书馆提供学科服务非常重要的窗口。目前，各高校的学科服务平台形式多样，有学科博客、专业的学科服务平台、自建的学科信息网页等，但无论哪种形式都可以将我们的慕课资源嵌入其中，为学科服务的内容拓展一个新形式。可以学习国外高校的方式新建慕课指南（或者慕课指南博客、慕课信息网页等），通过这个指南展示慕课宣传的信息、常见的综合类慕课课程、信息素养知识慕课课程、慕课版权等。学科类的慕课课程、特色多媒体资源、课程参考资源、学科专题信息、素养知识课程等信息嵌入发布到各个学科指南中去，方便用户按照学科获取，利用学科服务平台工具对本学科相关课程信息进行系统的收集、整理，并将学科服务平台上的常用专业资源，如电子资源、图书、信息门户等整合，嵌入教师学生的研究和教学。

（三）移动图书馆

目前，国内高校推出的移动图书馆服务已经非常丰富，如手机短信服务、移动图书馆 App 服务、微信服务、简易信息聚合（RSS）订阅等。移动图书馆服务借助网络技术与移动设备帮助使用者能在任何时间、任何地点获取图书馆的相关资源与服务内容，馆员可以通过移动图书馆将慕课课程服务嵌入教师建设课程与学生学习课程的过程中去。

微信具有的基本功能为基于学科服务的慕课活动嵌入式服务提供了重要途径。基于语音文本交互和群聊的交互功能，可应用于慕课课程协作学习，实现师生与图书馆员之间的交互沟通。例如，学科馆员可以通过一对一或者一对多的方式回复某个学科群组里师生的咨询。基于微信公众平台的信息聚合与推送功能，可以开发慕课课程学科参考资源的订阅推送和自动回复响应功能，使师生能够检索和获取学科慕课资源，如推送信息素养知识的微视频。如检索策略的编制、学科数据库的使用技巧、学科开放资源的获取与介绍等主题微视频，或者读者发送微视频的关键字，可通过微信自动响应发送相关主题微视频至读者的手机终端。基于微信公共账户的信息发布功能，发布慕课相关新闻信息。

RSS 个性化需求定制也可以为读者提供订阅推送慕课资源与新闻的服务。图书馆员发布信息时可以将慕课资源按照不同学科类别聚合，为读者提供分类查询的途径。读者进入图书馆 RSS 服务页面后，可以看到按学科排列的资源链接地址，读者用鼠标点击需要的慕课信息链接地址，从菜单中选择增加频道，粘贴上复制的信息链接地址即可。另外，图书馆员也可以将慕课信息按照主题词和关键词进行聚合，为读者提供主题词和关键词的查询方式。读者进入图书馆 RSS 服务页面，可以按主题词和关键词进行搜索，如检索慕课版权、慕课工具、参考资源、慕课课程等关键词，然后将搜索结果中需要的信息资源链接地址复制粘贴到新建频道中。图书馆可以根据课程的内容设置、学生的在线咨询等提供配套于慕课教学的资料推送、个性化需求定制等服务。图书馆员通过实体信息共享空间、学科服务平台、移动图书馆等途径，根据不同慕课服务的特色，选择较合适的途径传播给用户，教师与学生也可以通过这三个途径产生信息互动。

（四）慕课嵌入学科服务的特色

1. 促进学科服务的内容嵌入

学科服务是学科馆员主动深入到教学科研活动中，帮助用户发现和提供更多针对性更强的专业资源。很多情况下传统教学和科研工作的模式使得教师、学生局限于自己的课堂、实验室，与图书馆员之间的交互难以深入并持续。通过将慕课资源嵌入学科服务，扩展学科服务的信息来源、信息形式，满足师生浏览学科慕课资源的需求，图书馆员有更多的机会将学科内容嵌入教学中去，提高学科资源的利用率。当然，这也要求学科馆员对现有的慕课资源进行收集、评判选择、重组、分类、标记等工作，并与其他学科资源进行整合。

2. 促进学科服务的过程嵌入

学科服务需要深入了解读者的行为习惯、信息能力以及信息需求，根据学科特征，为读者提供主动、个性化的服务。图书馆为慕课教学师生互动、生生互动提供实体空间，使得学科馆员有机会参与教学活动，为教师提供数字化资源的内容支撑，了解教师与学生的实际信息需求，并提供相应的咨询服务，推荐参考文献，帮助学生利用图书馆资源解决慕课课程中遇到的难题。

3. 促进学科馆员专业服务水平

学科馆员在整理慕课资源的同时，对该学科优质的教学内容、学科领域的研究热点、该领域的学术专家等会有更深入的了解，会从一定程度上提升自身的专业服务能力，与教师和学生交流时，能更加了解其信息素养需求、教学需求，以做好辅助研究工作。学科馆员可以自学一部分学科课程内容，结合图书馆员的专业知识，提升工作效率与学科服务能力。将慕课嵌入高校图书馆学科服务，试图找到一个馆员为教师教学和研究提供学科服务的小窗口，为新信息环境下赋予学科服务新活力提供一些思考，当然馆员也将面临更多的挑战，期望进一步通过实践开展相关研究。

七、慕课背景下高校人才的信息素养教育

我国高校慕课的建设步入稳定发展的阶段，而高校人才的信息素养教育仍未受到足够关注与重视，开设学生信息素养系列慕课是大势所趋。

（一）慕课与高校发展

慕课的问世与开放课件、开放教育资源有着密切的关系。可以说，慕课是在开放课件的热潮与开放教育资源运动的背景下出现的。

2000 年，美国麻省理工学院提出"MIT 开放课件计划"，计划把该校所有的课程资料放到互联网上提供免费利用。2002 年，该开放课件网站建成，该计划的提出与实施，不仅为师生提供了丰富的数字课程资源，向全世界宣传推广了开放课件的理念，而且在全球范围内拆起了开放课件的热潮，进而引发了一场高校教育资源开放与共享运动。

2002 年 7 月，联合国教科文组织在法国巴黎举办"开放课件对发展中国家高校教育的影响"论坛，正式提出了"开放教育资源"（Open Education Resource，OER）这一概念，并对其内涵进行了界定：OER 是"通过信息通信技术为全社会成员提供的、开放的教育资源，这些资源允许被进行非商业用途的咨询、利用和修改"。开放教育的核心是免费和开放共享，并能够在任何时候、任何地方为任何人增加获得教育和知识的机会。从此，OER 运动的浪潮席卷全球，得到国内外许多高校和其他机构的积极响应。

值得一提的是，2003 年 10 月，我国教育部批准成立了中国开放教育资源协会，旨在推进中美两国高校之间的紧密合作与资源共享，致力于引进国外大学的优秀课

件、先进教学技术、教学手段等资源，同时将中国高校的优秀课件与文化精品推向世界，搭建国际教育资源交流与共享的平台。该协会成员包括北京交通大学、北京大学、清华大学、北京师范大学等 12 所高校。

成立于 2008 年的开放课件联盟是 OER 运动的成果。该联盟的成员包括来自 52 个国家和地区的 250 多所高校教育机构和相关组织，开放共享了超过 20 种语言的 1 万余门网络课程。该联盟致力于推进开放教育及其对全球教育的影响，力求通过扩大获得教育的机会来解决社会问题。近年来，随着慕课的发展，全世界各大名校纷纷建立了慕课建设平台。

（二）我国慕课发展的整体状况

中国的高校在 2013 年开始参与慕课建设。2013 年 1 月，中国香港地区的香港中文大学加入 Coursera 平台。4 月，中国香港地区的香港科技大学加入 Coursera 平台。5 月，北京大学、清华大学、中国香港地区的香港大学、中国香港地区的香港科技大学等 6 所亚洲大学宣布加入在线课堂平台（edx）。9 月，北京大学开设了 4 门慕课，并通过 edx 开始全球教学。

值得关注的是，除了中国香港地区的 12 门慕课全部是由 Coursera 和 edx 提供建设平台，中国有 50% 以上的慕课是在本土自主开发的平台上建设的，清华大学的全部慕课均在其自主开发的"学堂在线"平台上建设的，上海交通大学的全部慕课是在其自主开发的"好大学在线"平台上建设的。

中国高校的慕课从无到有，从少到多，步入稳定发展的阶段，并呈现出以下特点：一是中国的慕课主要集中在北京和华东两个地区；二是超过五成的课程均依托本土平台建设；三是中国台湾地区的慕课建设已经形成规模，发展迅速。2011 年 11 月 9 日，作为教育部、财政部支持建设的中国高校教育课程资源共享平台，由高校教育出版社承办的"爱课程"网站正式开通，并推出了第一批 20 门"中国大学视频公开课"。2013 年 6 月 26 日，"爱课程"推出首批 120 门"中国大学资源共享课"。

（三）信息素养慕课建设现状

在对中国慕课建设现状进行调查的基础上，为了解国内外信息素养慕课的开设现状，通过网络调查方法对网站上提供的 20 多个慕课平台上的 1 万多门慕课进行调查发现，首先，开设信息素养慕课数量最多的是美国；其次，是英国；再次，是中国、加拿大、荷兰和爱尔兰。有关数字素养和计算机素养的慕课数量最多，共 18 门，占 50%，这说明数字素养慕课受到了相当的关注。

在美国开设的 20 多门慕课当中，有 4 门课程的名称含有"素养"，有关数字素养、计算机素养的有 13 门，有关科学素养的有 3 门，有关媒体素养的有 2 门。开设的机构除了 7 所高校，还有地方政府的教育部门、教育基金会、教育机构和商业机构，类型多样，这些非高校的机构所开设的慕课内容丰富，范围广泛，生动有趣。值得一提的是，由微软公司开设的"数字素养与信息技术技能"为系列课程，共有数字素养、计算机基础、计算机安全与隐私、数字生活方式、信息技术原理、互联网与生产计划、生产计划、互联网与万维网等，包括阿拉伯语和英语的子课程。当前国内外信息素养慕课的建设尚属起步阶段，呈现以下特点：一是欧美经济发达国家的信息素养慕课发展较为迅速；二是高校仍然是开设信息素养慕课的主体；三是内容主要集中在数字素养和计算机素养等领域；四是信息素养慕课数量少，参与机构不多。

（四）高校开设学生信息素养系列慕课

我国信息素质教育始于 20 世纪 80 年代，主要采用在全国高校开设"文献检索与利用课程"（全校公共选修课）的形式，对在校学生进行信息素质教育。尽管课程名称比较多，如信息获取与利用、信息检索与网络资源利用、现代信息查询与利用、文献信息检索等，但其课程的核心内容主要围绕文献检索的基础理论和基础知识、各科各类检索工具的基本原理及检索方法、主要数据库的利用、图书馆利用等。在进入信息社会的今天，该课程无论是形式还是内容均已过时，一方面无法适应社会发展和时代进步的需求；另一方面，也无法满足学生对信息资源获取与利用以及其他信息素养相关知识的需求。

近年来，国外高校纷纷从开设传统的文献检索课改为开设信息素养课程，国内也有些高校紧跟国际潮流，开始开设信息素养课程，如北京大学的"信息素养概论"、上海交通大学的"信息素养与实践"、深圳职业技术学院的"信息素养步进课程"、韶关学院的"大学生信息素养教育"等。在高校开设学生信息素养课程，不仅能够培养学生的信息检索技能、图书馆素养、媒体素养、计算机素养、互联网素养、数字素养和研究素养等，而且能够培养学生对现代信息环境的理解能力、应变能力以及运用信息的自觉性、预见性和独立性，从而提高综合素质。随着国内外高校开设慕课热潮的到来，开设学生信息素养系列慕课不仅必要，而且已经是大势所趋。高校开设慕课教学意义如下。

第一，慕课的交互性能提升学生信息素养课程的教学效果。与传统的面授课程相比，慕课的形式多样，有大量穿插于慕课视频中的交互式练习。这些练习不仅能帮助学生及时理解并巩固所学的内容，而且能够激发他们的学习兴趣，鼓励和引导学生更加积极地学习与思考，使他们从被动学习转变为主动自主学习，可以大大提高学习效果。与此同时，慕课的交互性有利于进行信息素养课程的模拟检索操作。

第二，慕课的开放性有利于面向全校本科生甚至社会公众开设学生信息素养课程。开放性是慕课区别于以往其他网络课程的最大特点，而这种开放性特别适合开设作为全校公选课的信息素养课程，不仅因为学生都需要信息素养教育，而且因为社会公众需要信息素养教育。因此，信息素养课程应该以慕课的形式同时面向在校学生和社会公众免费开放，使得更多的人有机会获得信息素养教育，提升自身的信息素养和综合素质。

第三，慕课的灵活性非常适合学生信息素养课程的模块化教学。由于学生有不同的学科专业，不同的学科专业对信息素养教育的需求各异，因此只有分为人文社科、自然科学、理工、医学等四个模块，才能满足各个学科门类的需要。与此同时，可以开发类似"插件和游戏"的模块，方便教师随时嵌入慕课当中，充分利用慕课的灵活性开展教学。

第四，慕课的互动性为信息素养课程中需要的多方互动与交流提供了有利条件。依托网络社区和社交网络进行互动交流是慕课的优势之一，它不仅可以开展学生与老师的互动交流，而且可以进行学生之间的互动交流。学生可以围绕老师提出的问题进行交流和讨论，可以开展基于网络社区学生群体的"同学互评"，可以增强学生的参与感，从而可以促进学生之间的相互学习。

八、慕课在高校教育教学中的应用

慕课在教学理念、教学设计、教学模式、教学评价等方面都有独特的优势，并将改变高校的教学机制。

（一）慕课资源的优势对传统教学的镜鉴

1. 教学理念一"自主学习"对"接受学习"

现行的高校教育教学理念是"接受学习"，教师是教学的绝对主体，他们是知识的拥有者，以"传递高深学问"为己任，将教材上的知识以及自身所拥有的知识以自己最擅长的方式教给学生，"教"完全支配"学气而慕课的教学理念是"自主学习、它将学习的主动权交回给学生，允许学生根据自身知识、能力水平自主选择学习内容，自行把握学习进度，自主选择学习环境。一门慕课课程通常会持续几周至十几周，每周一次课，每次课一般几个小时，以事先录好的视频形式呈现。每次课程的视频又经过事先处理被划分为若干时长在 10 分钟的知识单元。这种设计的目的就是允许学生在学习过程中，根据自身的实际需要，自定学习步调，不必受传统教学的限制；允许学生根据自己的兴趣爱好选择学习自己感兴趣的内容；在学习环境方面，学生可以自由选择在宿舍、教室、家庭等不同场所进行学习；在学习工具方面，学生可以选择台式电脑、笔记本电脑、手机等不同设备。由此可以看出，慕课所主张的是一种自觉、自愿、自立、自为、自律的学习，体现了"自主"的本质特征。

2. 教学设计——"技术性、便捷性"对"工具性、烦琐性"

慕课的教学设计是技术性和便捷性的统一。以 edx 为例，其课程的教学设计包括两大阶段：前期阶段和核心阶段。前期阶段主要是对学习者需要、教学目标和教学内容进行分析。首先，根据学习者的职业、学习背景对其学习需求进行分析；其次，根据不同类型学习者的需要，确定不同类型的教学目标；最后，根据对学习者需要和教学目标的分析，确定教学内容，并将其科学地划分为若干个相对完整且相互关联的知识点。核心阶段则是对学习资源、教学活动、学习评价和学习支持的设计。对学习资源的设计主要就是对教学视频的设计，它包括对教学视频的制作、视频内容的设计等方面；对教学活动的设计主要是对学习者个体活动、生生互动、师生互动的设计；对学习者个体活动的设计就是根据学习者的兴趣合理设置小测验或试题库，对生生互动的设计是根据合作学习原理合理设置小组互评等形式的活动；对师生互动的设计则是以注重交互性为前提，设计线上师生问答互动、线下博客、微信互动讨论等；对学习评价的设计就是根据学习者需要、教学目标和教学内容对相关内容的测验、作业以及试题的设计；对学习支持的设计就是对学习资源、教学活动、学习评价等工作提供相应的技术支持。

3. 教学模式——"以学为本"对"以授为本"

传统课堂教学模式是"以授为本"，这体现了教师对整个课堂教学活动的绝对控制。也就是说，教什么、怎么教和教多久都要由教师决定，较少考虑学生自身的需要和想法，学生只能被动地接受。慕课是将众多优质课程资源置于专门的网络课程平台，供学生根据自身的兴趣、爱好和需要自主选学。其规模之大、时空范围之广、开放程度之高是传统课堂教学无法比拟的，其核心就是强调"学"，体现了"以学为本"的特点。这种从"以授为本"到"以学为本"的转变，归根到底是由慕课自身的特点决定的。首先，慕课的大规模和开放性为学生的自主选学提供可能，而慕课简便的操作方式、低廉的学习成本使得这种可能变成了现实。其次，慕课的可重复性为学生正式学习之后的温故知新创造了便利条件，学生可根据自己情况重复学习其认为重要的或必须掌握的内容。最后，慕课重视学生自身的体验和师生、生生之间的互动，有助于巩固学生的自主学习成果。体验是一种静态的自主学习，它突出的是学生对学习内容的独立认知和感悟；互动是一种动态的自主学习，它突出的则是学生对学习内容的相互交流和碰撞。可以说，慕课是学生对学习内容的认知、感悟、交流和碰撞等的集合。因此，慕课的设计必须突出"以学为本"。

4. 教学评价——"重在评学"对"重在评教"

高校现行的教学评价主要是对教师教学过程及结果的评价，对教学过程的评价重在对教师授课过程的评价，而对教学结果的评价则重在对教师授课结果的评价。概括地讲，现行教学评价重在评"教"。然而，教学是由"教"与"学"两方面组成的，只评"教"就容易忽视"学"，也就无法真实、全面地反映实际的教学状况。事实上，检验教学效果好坏的标准只有"学"。因此，如何科学合理、切实有效地检验学生的学习效果是开展教学评价的根本。而慕课正是从这一根本出发设计的。

（二）慕课资源融入高校教育教学机制

1. 采用混合式教学模式，改善教学资源

教师可以借助慕课平台获取备课所需各种资料，无须再受场所限制；学生可以在任何一台互联网电脑上以在线注册的方式学习这些课程，享受全球教学资源，无须再受几百人共同上课的困扰，也不必再担心不能正常上实验课等问题。因此，将慕课融入传统教学，可以切实改善高校资源短缺的现状。具体做法是：首先，课程开始前，教师将所授课程内容按课时划分后，上传至慕课平台，并给学生详细安排每节课的自学任务。其次，学生在每节课开始前自学慕课平台上的相关内容，并完成习题和小测验；在学生自学期间，教师每周组织一次线下讨论课，安排学生针对自学过程中的疑难问题开展小组讨论；最后，教师再针对课程中的重点内容提出若干问题，由学生回答，并进行点评讲授。在这个过程中，教师只是一个引导者，在适当时候负责牵线，大多数时间都是学生发言。这种"自学、讨论、讲授"的混合式教学，是慕课资源嵌入高校教育教学较为理性的模式。

2. 实施"双师教学"项目，提升教师专业化水平

在慕课平台上，教师资源非常充足，且不乏许多世界知名高校的优秀教师，每一门课程均由 1~2 名优秀教师主讲，有的课程还配有 2~3 名负责线上课程测评及论坛区工作的课程助教和论坛助教。如此充足的教师资源是传统教学无法比拟的。慕课平台上的每一门课程，都可以供成百上千，乃至几万、几十万学生共同选择学习。

因此，可以引入慕课平台上的优秀教师资源。对一些慕课平台和高校共有的课程，高校可以尝试让全校学习同一门课程的学生在规定的时间内，在慕课平台上按要求自学该门课程的主要内容，并完成课程测评及讨论。之后由本校教师集中时间开展辅助教学，主要针对学生在慕课学习各环节中所遇到的问题进行及时解答。这样就可以形成集高校与慕课平台教师资源于一体的"双师教学"。在慕课平台上，一方面学生可以在规定时间内完成课程的学习；另一方面，教师可以从优秀教师身上学到很多平时无法学到的知识、授课技能与方法等。可以看出，这种"双师教学"既是一种新型的远程教育教学模式，又是一种可行的教师资源共享途径，还是一种便捷的师资培训方式，可以使更多高校共享优质教师资源，从而促进其教学质量的提高，提升教师专业化水平。

3. 拓宽信息来源渠道，开阔师生视野

借助慕课平台，高校师生不需要进图书馆就可以学到丰富的知识。其中可以了解到国内外学术团队运作的基本情况，通过线上交流使线下学术合作成为可能；可以把握相关学科最新的研究进展和发展动态，还可以接触国内外先进的教育理念和教学方式。世界知名慕课平台之一的 edx，目前拥有来自世界各地的 10 多万名学习者，可以在全世界任何地方学习哈佛大学的"古希腊英雄"、加利福尼亚大学的"幸福科学"、芝加哥大学的"城市教育中的关键问题"、北京大学的"化学与社会"、清华大学的"中国建筑史"等来自世界 100 多所名校的 300 多门课程，这些课程充分体现了相关领域最先进的思想观念、最丰富的研究手段、最多样的研究范式。因此，高校可以借助"双师教学"的运行方式有效利用慕课提供的信息，丰富课堂教学内容，拓宽信息来源渠道，开阔师生的视野。

4. 加强师生对外交流，提升高校国际化水平

慕课的到来，为高校的对外交流提供了极大的便利。教师不出校门就可以与国内外名校名师在线进行学术及思想的交流；学生借助电脑和网络，能够与名校名师进行线上或线下的讨论交流。许多慕课课程都有极其富有生气的讨论区，国内外不同学校同一学科的教师之间可以针对所教内容中的重点、难点及最新研究动态进行线上交流；数以千计选择同一门课程的学生以他们特有的方式与教师、同学开展交流，如微博、微信、QQ 群等。通过不同形式的交流，达到共享学习内容、分享学习收获、共同感受学习乐趣的目的。高校可以以慕课平台作为拓展师生对外交流的起点，通过线上多次交流为线下交流奠定基础，使对外交流从线上最终延伸到线下。因此，高校可以借助慕课平台增强广大教师对外交流的意识，调动其积极性，并以慕课为

中介，为广大教师提供线下的对外交流机会，不断开放线下对外交流渠道，最终提升其国际化水平和竞争力。

第三节　高校教育教学创新之微课

微课的兴起为课堂教学的革新提供了一条有效的途径，也为提升教育公平和质量，共享优秀的教育资源，满足学生的个性化需求，实现随时随地的学习提供了有力的保障。翻转课堂正是建立在微课的基础上对传统教学方式的一次变革。

一、高校微课教学模式

（一）翻转课堂

根据教育心理学相关的研究成果以及翻转课堂教学的实践，提出一个 O-PIRTAS 翻转课堂教学法，作为教师在教学中应用翻转课堂一个可依据、可操作的模式。0-PIRTAS 是英文单词 Objective Preparation instructional video、Review、Test、Activity、Summary 的缩写，分别表 ZN 实施翻转课堂的几个必要环节：教学目标、课前准备、教学视频、视频回顾、知识测试、活动探究以及总结提升。教师可以根据这几个步骤具体实施翻转课堂教学。下面对 O-PIRTAS 翻转课堂教学法做出具体的阐述。

1. 确定教学目标（Objective）

为了帮助教师更容易区分教学目标的种类，结合已有关于教育目标分类的理论以及翻转课堂教学模式的特点，我们认为大致可以把教学目标分为两大类：知识性目标和能力性目标。知识性目标属于初级目标，主要包括对知识的记忆和理解。能力性目标则属于高级目标，包括布卢姆教育目标分类中的应用、分析、评价、创造等高级认知目标以及情感态度、价值观、批判思维、自我认识、学会学习、沟通合作等能力和素养。

需要特别指出的是,这里的能力性目标除了包括通常意义上的能力（如应用能力、分析能力、沟通能力），还包括情感、品格、态度等内容，称之为素养性目标可能更为合适。这里为了方便教师的理解和操作，并与知识性目标相对应，我们统一把这些素养称为能力性目标。知识性目标是最基础的教育目标，脱离了知识性目标，能力的培养就失去了基础。但只满足于知识性目标是远远不够的，教师需要在知识性目标的基础上进一步发展学生各方面的能力和素质，才能培养出符合社会和时代发展要求的人才。

把教学目标分为知识性和能力性目标两大类，与学者彭明辉和 Marton 等人对教学目标的分类有相通之处。彭明辉和 Marton 把教学目标分为直接目标和间接目标两种，直接教学目标是指学习的内容性知识，如化学反应率，经济学的供应和需求；间接教学目标是指学生通过学习内容性知识能够发展的能力，如通过实验计算某种化学反应的反应率，或者能够使用供需的同时变化来解释某种商品市场价格的变化。这种分类的直接教学目标类似我们的知识性目标，而间接教学目标则类似能力性目标。把教学目标分为知识性和能力性目标两大类，可以帮助教师比较直观地分析教学目标并应用于教学设计之中。对教学目标的分类是跨学科和年级的，我们认为对任何学科和层次的教学，都可以分为知识性和能力性这两类目标，教师要根据具体教学实际设计这两类目标，以保障教学的有效实施。

知识性和能力性目标的分类符合翻转课堂教学模式的特点。总的来说，翻转课堂的课前、线上、课外自学部分主要是围绕着知识性目标展开的，而翻转课堂的课中、线下、课内集体学习部分则主要围绕着能力性目标展开的，因此明确两类教学目标对于后面开展翻转课堂各环节的教学具有统领作用。应该认识到的是，对教师的工作和价值来说，知识性的教学是相对比较容易被代替的，或者说不是教师的主要价值所在。今天信息社会区别于以往社会的一个重要特征就在于知识的获取十分便捷，教师不再是知识的唯一来源，甚至也不是主要来源。当前网络上具有各种丰富的资源、搜索引擎，甚至包括慕课、可汗学院在内的各种优质教育资源，都可以成为学生获取知识的重要来源。可以说，每位高校教师在学校所教的课程，基本上不但可以在网络上找到相应的慕课资源，而且这些慕课课程都是名校（比如哈佛大学、麻省理工学院、斯坦福大学）名教授精心制作的课程。从知识的角度，这些慕课和知名教授是学科知识的代表，比大多数教师更具权威性、系统性以及准确性，完全可以取代教师成为学生获取知识的途径。相对知识性的教学目标来说，能力性的教学目标是人类教师的独特优势。能力性目标涉及人类情感、创造力、沟通、合作这些人类所特有的品质，是人工智能所不具备的，因此，未来教师的主要工作和价值应该体现在对学生能力性目标的培养上。

明确教学目标是成功实施翻转课堂教学的首要环节和先决条件。翻转课堂教学不满足于只是完成知识性的目标，而是更加注重能力性目标。知识性目标基本上可以通过视频让学生在课前自学完成，实体课堂则主要被用来发展学生的能力。

2. 课前准备活动（Preparation）

课前准备活动主要有以下两个作用。

第一，提高学生学习的兴趣和目的性。认知目标是形成学生学习动机的一个关键因素，个体只有对未来的学习目标产生期待时，才会发生有意义的学习。研究表明，学习的过程往往是从整体到部分的过程，学生了解了学习的总体目标之后，再进行分解学习的时候会更有方向性和目的性，学习效果也会更好。在实际教学中，教师要通过课前准备活动先让学生明确学习目的，使其对未来的学习结果产生一种积极的期待。如果教师通过课前导入活动，在正式教学之前告诉学生本次学习的目的和作用，那么就能够激发起学生学习的兴趣，并让他们的学习具有指向性。

第二，课前准备能为之后的视频学习打下良好的基础。在教学形式的顺序上，翻转课堂和传统课堂还是一样，都是先讲后练的顺序，并没有进行翻转。教师的讲授是需要一定的时机、条件或基础的，讲授要发挥作用需要学生具备一定的先前知识，学生在努力思考、探索、挣扎过某个问题或情境之后能更好地理解讲授的内容。虽然学生在接受讲授之前进行的问题解决和探索可能是不成功、不正确的，但是这种尝试有利于图式编码和整合，能够帮助学生认识到自身先前知识的不足，还能通过对比正误解法来让学生注意到学习的关键特征，从而为之后接受教师系统地讲授打下必要的知识基础。

那么，什么样的活动能够帮助学生形成必要的先前知识，为下一步接受讲授打好基础呢？国外学者 Schwartz 和 Bransford 建议可以通过让学生对比相关概念或原理的多重样例，来帮助学生注意并理解样例之间的区别，发现知识的结构性特征，从而发展出辨别性知识。这些辨别性知识是理解之后系统讲授的重要基础。学者 Kapur 提出有益性挫败理论，他建议在直接讲授之前让学生先进行探索性的问题解决，让学生使用已有知识探索问题的解法，有助于图式建构，投入更多的认知资源，发现不平衡并意识到自身先前知识的有限性。另外，学生还可以通过对比不同解法的异同，来发现新知识的关键特征并更好地进行编码。我们基于变易理论的研究成果发现，对比学习对象的多重样例能够帮助学生审辨出学习的关键特征，这些审辨出来的关键特征为之后的系统讲授奠定了基础。我们还进一步提出对比、分离、类化、融合四种变与不变的范式用来指导多重样例的设计。多重样例之间应该变化一个关键特征，让学生首先单独审辨出这个变化的特征。在学生单独审辨出多个特征之后，再让学生对比同时变化多个关键特征的多重样例。在学生正式学习教学视频之前，先通过相关的探究活动让学生进行适当的学习和探索，激发起学生的学习兴趣，并准备好必要的先前知识。课前准备活动可以让学生带着兴趣和疑问进入视频的学习，将能够显著改善视频教学的效果。

3. 课前教学视频（Instructional video）

在完成课前准备活动之后，学生需要在课前自学教学视频。翻转课堂的教学视频既可以是教师自己录制，也可以使用他人录制的视频。教学视频形式可以多样，内容主要反映的是教师在传统课堂中的讲授部分，视频学习部分主要对应的是前面制定的知识性的教学目标。

目标的实现并不需要在实体课堂中接受教师的实时现场指导，或者与同伴进行互动合作。高校学生通过自学教学视频就可以在很大程度上完成对知识的记忆和理解。此外，在这个环节还可以充分利用信息技术和多媒体的优势，让整个知识的教学过程更加有趣、生动、高效率。从知识性的目标来说，一个制作良好的教学视频或者在线课程，其教学效果可以达到甚至超过教师在实体课堂的讲授。即使是一个质量一般的教学视频，也能在很大程度上完成知识的记忆和理解目标。

4. 课堂视频回顾（Review）

学生完成线上视频学习之后，就进入线下实体课堂进行学习。通过教学视频，翻转课堂把知识的学习移出到课外，大量的课堂时间可以被用来进行问题解决、合作探究等活动。有些教师可能会在线下上课的时候，马上给学生呈现的问题进行解答或布置活动进行探究。根据我们的实际教学经验，我们建议在实际开展课堂活动之前，教师应该首先简要回顾一下课前教学视频的内容。这是因为一开始上课就直接让学生回答问题，会显得比较突兀，学生也会难以适应，难以营造良好的课堂氛围。有研究表明，学生在上课之初往往需要 3~5 分钟才能静下心来，短暂的过渡之后精神才会非常集中，注意力才会高度专注。此外，学生虽然已经在课前完成对视频的学习，但是视频学习时间距离上课已经过去几天时间，学生一时可能难以迅速回想起视频的内容，尚未从心理上完全做好准备，这时候如果马上做题、考试，就会引起学生心理上的抵触。线下课堂首先起始于对课前视频的知识回顾，视频回顾不是对视频知识的重新讲解和详细分析，而是提纲挈领地帮助学生回顾内容，把握知识结构。学生课前如果没有学习视频，仅仅是通过短时间的视频回顾是无法完全掌握知识的；如果课前已经完成视频学习，视频回顾则可以帮助他们迅速唤醒记忆，把其思维集中到课堂的主题上，为课堂之后进行的问题解决和探究活动打好认知基础。

5. 课堂知识测试（Test）

教师带领学生回顾完视频之后，就进入课堂知识测试部分。翻转课堂的先驱

Bergmann 和 Sams 最早使用翻转课堂进行教学改革的时候，就是在课堂上让学生在教师的监督和指导下完成家庭作业的。教师通过作业考查学生课前视频的学习和掌握情况，然后针对学生在做作业中出现的问题进行指导和讲解。测试就是教师通过提前设计好的问题来考查学生课前对视频内容的学习效果，主要还是针对知识性的教学目标。课堂知识测试环节有以下两个目的。

第一，检查学生课前是否观看了视频。很多教师在实施翻转课堂的时候，都会担心学生课前没有提前观看视频，导致其无法有效参与课堂活动。因此，为了检查学生课前是否观看了视频，教师上课时可以设计一些比较简单的题目，考查事实性信息。学生如果在课前提前观看了视频一般都能正确回答，如果没有提前观看视频则无法正确回答。通过这部分问题，教师可以发现那些没有提前观看视频的学生。学生只要观看了视频，就可以正确回答题目。回答错误的学生，基本上可以认为是没有提前观看视频。

第二，课堂知识测试的目的是检查学生课前是否看懂了视频。课堂测试的主要目的是检测课前视频的学习效果，虽然我们预期学生通过自学教学视频能够完成大部分的知识性目标，但需要承认，学生只是学习视频可能还无法完全掌握一些教学难点。因此，教师需要在课堂上有针对性地设计一些比较难的问题，用来检测学生是否真正掌握了该教学难点。教师可以根据学生对问题解决的情况，决定怎样进行相应的讲解。如果大部分学生的回答正确，教师就可以略过不讲；如果很多学生的回答错误，则表明课前视频的教学效果不好，教师就需要仔细分析学生的错误，并进行有针对性的讲解，学生课堂问题的回答情况将被计入课程总分。在这个环节中，教师需要及时掌握学生问题的回答情况，才能决定是否进行指导、指导什么、指导多少、怎样指导。教师可以利用一些信息化互动工具来实现这一点，这些工具可以帮助师生实现课堂测试的即时互动和反馈，提高教学效果。

6. 课堂活动探究（Activity）

课堂测试之后，就进入课堂活动探究部分，教师需要设计相关的课堂教学活动以完成前面制定的能力性的教学目标。大量的课堂时间可以用来互动、探究、问题解决和个别化指导，进行高水平的认知活动（应用、分析、评价和创造）。如何有效利用这些上课时间创设有意义的学习活动，让学生在深层参与课堂学习中，就成为翻转课堂能否有效实施的关键。

教师要根据具体的教学目标，综合使用问题解决、合作、辩论、汇报、角色扮演、实地考察等多种形式设计课堂活动。教师在设计课堂活动的时候要注意与基于问题的学习、基于项目的学习、基于游戏的学习、同伴教学案例教学等比较成熟的学习模式结合起来。这几种教学模式都强调以学生为中心进行合作、探究、互动，因此可以与翻转课堂做到无缝对接。在使用这些模式的时候，教师要注意具体的操作原则和使用方法，使得活动向深层次探究，从而有效地实现教学目标。这需要一个借鉴、学习、实践、反思、改进和提高的过程。

除了应用一些成熟有效的教学模式和方法设计课堂活动，教师还应该帮助学生改变学习的观念和习惯。教师需要为学生搭建"脚手架"，教给学生讨论和合作学习的技巧，有效支持学生进行学习。学生需要学会如何准确地表达自己的观点、倾听他人的思想、回答问题或辩驳他人的观点。在自主学习方面，教师应该在学期初就告诉学生为什么改变学习模式、怎么样改变学习模式，向学生分享好的案例，设计适合自学的任务单，提供多样化的自学资源，利用网络实现学生之间的问答互动，要求学生依照任务完成单自我核对和评价自学成果，给自主学习环节合理的课程分数，上课开始时进行一个小的阅读测验等。

教师应该加强教学法的学习，尤其是对这些比较成熟的教学模式和方法的学习和应用，这将成为教师一项必备的能力。随着未来技术的发展，教学的知识性目标基本上可以被技术所取代，教师将真正成为学生"灵魂的工程师"。未来优秀的教师将是会用、善用技术者，把技术能够完成的任务交给技术，自己则通过组织教学活动培养学生的能力，在人类擅长的合作、情感、沟通等领域发挥重要作用。

7. 课堂总结提升（Summary）

在完成课堂测试和活动探究之后，教师需要对整个教学过程和内容进行总结，提升学生的学习和认识离学生从最初的课前准备活动，然后学习各种教学视频，再到课堂回答问题，进行活动探究，整个学习内容丰富、时间较长，对于很多学生来说，可能无法完全把握住重点。因此，教师最后需要进行适当的总结、归纳和提升，帮助学生提炼出最核心的学习内容，以形成完整的认识。此外，教师也可以利用课堂最后的时间开始下一个 O-PIRTAS 教学循环，进行下一次课的课前准备和导入活动，引起学生的学习兴趣，或者布置课前探究活动，为下一次的视频学习做好准备。至此，整个 O-PIRTAS 翻转课堂教学的闭环形成。

O-PIRTAS 翻转课堂教学模式从教学目标的确定，到课前准备活动、课前教学视频、课堂视频回顾、课堂知识测试、课堂活动探究、课堂总结提升，包括课前课中课后、线上线下、课内课外、知识能力不同维度。该模式不但可以为教师在教学中实施翻转课堂教学提供实际可行的指导，可操作性强，而且每个环节都有相应的教学心理学的研究成果作为支撑，合理性高。

（二）知识微课

知识微课是指以通用知识技能为主，每节微课围绕一个知识点展开的微课形式。

知识微课又分知识类面授微课和知识类电子微课两种模式。知识微课主要用来传授通用原理、方法、工具等，是学生需要掌握的基础知识和基础技能的应用。这些知识需要学习者自己根据实际的场景进行转化和应用。知识微课开发者需要系统化的理论知识和丰富的教学设计能力，因此更加适合由教授、咨询顾问、培训讲师来开发。

（三）情境微课

情境微课是指根据特定的环境、任务、场景展开的微课教学活动。情境微课分为情境类电子微课和情境类面授微课。

1. 情境微课的价值

第一，情境微课是针对具体工作场景，尤其是针对挑战性场景和痛点场景开发的。这些场景既能够与企业业务改善需求快速对接，也符合学习者改善工作方法和提升绩效的需要。第二，将教授头脑内的隐性知识转变成组织经验并快速复制推广，是高校教育教学学习的一种重要手段。情境微课开发提供了这样一种载体，通过聚焦特定情境和问题，借助教授丰富的实战经验及反思总结，萃取高价值的知识，并通过课程实现转移。第三，情境微课来自实际工作典型情境，与学习者遇到的问题和挑战一致，学习内容非常容易应用到实际工作中。第四，情境微课需要多个教授结合实战经验进行深入讨论，萃取关键知识、梳理方法论、挖掘典型案例，这个过程同样是教授能力升华的过程。同时，课程设计或课程面授又提高了专家辅导能力，使具有丰富实践经验的教授成为实践＋理论＋传承三位一体的教授。

2. 应用领域

情境微课主要用来传授特定任务，在场景中需要的整合性知识、技巧，学习者可以直接模仿和借鉴，容易转化和应用。这就要求情境微课开发者有丰富的实践经验，能结合特定情境中的挑战点、痛点、难点提炼出有针对性的知识，因此适合有专业知识的教授开发。

3. 情境微课的开发模式

在情境微课开发过程中，企业一般会采取以下两种模式。

第一，个人经验分享式。常见模式是专家案例分享课程，这种模式简单且易于操作。通常结合自身的典型案例进行个人复盘，总结经验教训或方法窍门后，利用简单课件工具就可以制作完成。通过鼓励教师和更多人分享，经过简单制作就可以获得大量微课。尽管质量参差不齐，但是还可以通过评价、点赞等机制，筛选出一批有水准的课程，然后进行深度萃取。第二，组织经验萃取式。常见模式是组织一批教授或教师通过头脑风暴、焦点小组等多种形式对组织经验进行深度萃取，最终形成可以复制的策略、方法、工具、诀窍等，同时输出具有典范和对比效应的正反面案例。

二、微课的开发制作

微课的开发制作过程

微课的制作过程是一个较为复杂的系统工程，制作一般要经过前期的可行性分析、分析知识单元、确定序列结构、设计教学内容、设计教学交互、脚本编写、视频开发与制作、微课实施设计、反馈与优化等几个基本环节。

微课的可行性研究是对微课开发进行技术性、科学性和实用性的论证。其基本任务是通过调查研究，综合论证一节微课在教学上是否实用和可靠，在学生学习上是否有需求，在经济上是否合理（制作成本和利用率），在开发过程中是否有技术和人才的保证。微课的可行性研究主要考查点有以下几个方面。

（1）微课开发在课程中的必要性微课开发者需要对课程有全面的掌控，包括微课开发的内容和可利用性。合理确定哪些知识点必须开发微课，哪些知识点不宜开发微课。应选择有代表性、普遍性及关键知识作为微课的开发对象。

（2）微课对学习者的作用分析学生的思维和认知特点，回答为什么该知识点会成为学生学习的难点或重点，分析微课表现什么内容和采用什么形式更能适合学生的微学习方式。

（3）微课开发的人才和技术保证微课主要格式有视频、动画和音频。对于视频制作，需要有视频拍摄和后期制作；对于音频，需要音频制作和素材整合。因此，微课开发需要有掌握一定视音频制作技术的人才。

第九章 高校教育教学的发展创新

第一节 寻求高等教育路径现代化

推进高等教育现代化，建设高等教育强国，必须立足中国社会现实与实际需要，扎根于中国文化教育的土壤与血脉，吸收借鉴人类知识积累与文明成果。特别是要抓住当下中国深化改革、扩大开放、推进社会转型的良好时机，充分利用政府科教兴国、人才强国、创新富国的政策支持和资源优势，在保持高等教育规模稳步扩大、多样性与丰富性不断增强的同时，努力提升高等教育的质量与品质，认真探索适合中国社会需要和发展节奏的高等教育现代化模式。

一、探索高等教育现代化的中国路径

在世界上人口最多的发展中国家实现高等教育现代化是宏大而独特的教育创新，也是广泛而深刻的社会变革。在这一过程中，我们既不能简单延续中国高等教育发展的已有经验，也不能完全模仿西方发达国家高等教育的发展模式，只能在承继历史、借鉴他人的基础上，努力探索适合中国国情、具有中国特色的高等教育现代化之路。这是中国跻身世界知识体系前沿、形成中国高等教育思想、制度和文化高地的关键所在。

（一）坚持走中国特色和世界水平相统一的道路

到 2030 年，中国不仅要在高等教育规模、结构、质量、效益、公平等方面达到国际先进水平，还要为人类社会贡献中国人所创造的具有普遍意义的办学理念和可资借鉴的办学模式。将"中国特色"与"世界水平"融为一体，使其相互支撑与促进，是中国高等教育现代化探索进程中最具挑战性、最有价值的部分。强调"中国特色"并非指中国独有，而是以中国为案例，通过对这片土地上近百年的改革探索与创新

实践的浓缩提炼,展示后发的人口大国面对全球化、知识经济及社会转型的多重压力,艰难生存、崛起并发展的历史经历,可以为人类命运共同体共同应对当前和未来全球重大问题的挑战,提供具有普遍意义、可资借鉴的经验。

(二)坚持走文化优势与体制优势相结合的道路

高等教育现代化的建设路径要立足中国国情,扎根中国血脉。中华民族源远流长的文化教育传统历经人类历史长河的冲刷洗礼,不仅值得,而且必须为现代中国人所珍惜和承继,这是支撑我们生存和发展的精神基因。在高等教育现代化的过程中,我们要努力挖掘和弘扬中国文化传统中具有现代生命力和普遍解释力的原创性资源,树立文化自信,使现代中国的重新崛起具备坚实的文化根基。作为"后发型"的发展中大国,中国社会对高等教育旺盛的需求与相对匮乏的资源支持形成巨大反差。我国要缩短与发达国家的差距,高等教育现代化建设要强化目标导向性决策,就要充分发挥我国社会主义制度能够集中力量办大事的政治优势。同时积极开拓和利用市场、社会等多种资源,大胆突破制度性瓶颈和体制性障碍,使高校拥有更加自主、自律发展的条件和空间。

(三)坚持走教育发展与国家富强相结合的道路

从现代高等教育的发展规律来看,将知识生产、人才培养与服务国家战略有机联系在一起是发达国家高等教育机构生存发展并走向成功的共同特点。美国的许多世界一流大学都通过参加国家三大科学工程(曼哈顿工程、阿波罗登月计划、人类基因组计划)奠定和巩固自己的学术领军地位,并形成全球影响力。中国的很多高水平大学也是在高度参与国家工业化、现代化进程,对国家知识创新体系建设做出贡献而得到政府和社会认可,逐渐跻身世界一流大学行列的。高等教育发展的根本动力来自宏观经济社会需求与大学发展内在逻辑的有机结合,走向2030的中国高等教育现代化进程,必须找准高等教育和国家发展富强的结合点,在政策与实践上精准发力,走依法治教之路:一方面,政府通过体制改革,简政放权,赋予高校更大的法定治理自主权;另一方面,高校要加强服务国家战略需求的意愿与能力,使人才培养及学术研究的成果在国家可持续发展及现代化建设中发挥更大的作用和价值。

(四)坚持走全球视野与中国意识相结合的道路

高等教育现代化是世界性趋势,需要我们以开放的姿态走向世界,以虚心的态度学习国外先进经验,以积极的行动参与国际交流。高等教育现代化也是本土行动,需要立足国情，针对中国社会实际问题，制订本土化解决方案。由于中国改革发展中面临的问题既有中国特定经济社会因素，也有全球化的共同背景。因此，发现并科学解释和解决这些问题必须将全球视野和本土意识相互结合，将人类社会所积累的多学科知识、多领域经验与中国独特的文化传统和实践智慧融会贯通，走出具有中国特色的现代化建设之路。

二、强化高等教育资源保障与政策导向

高等教育已成为人类所创造的最庞大的社会事业，其现代化建设需要投入大量人力、物力、财力及政策资源。可以说，资源保障是高等教育现代化建设的重要基础，是中国到 2030 年整体实现高等教育现代化的约束性条件。历史经验告诉我们，凡是跨越中等收入陷阱的国家，都是在发展的关键时期保障并提高了对教育的投入；凡是在教育上欠账的国家，都跨不过中等收入陷阱。因此，我们必须将资源保障提到战略高度。

（一）继续加大高等教育经费投入

高等教育经费投入是衡量一个国家保持并发展其创新能力的重要指标。近年来，我国的高等教育经费虽然随着经济的不断增长而上升，但是与发达国家，尤其是高等教育强国相比，还有不小差距 " 为实现高等教育现代化，必须保障经费投入。

第一，加大政府投入，提高高等教育经费占 GDP 的比例，提高高等教育经费在国家财政支出中的比例。《中华人民共和国高等教育法》对我国高等教育经费的来源渠道有着明确规定，即"国家建立以财政拨款为主、其他多种渠道筹措高等教育经费为辅的体制。这样的公与非公相结合的高等教育经费体制符合世界高等教育发展潮流。

第二,增强高等教育经费的多渠道筹措机制,提高非政府投入经费的总量和比例。目前，我国高等教育经费的多渠道来源主要包括学生学费、银行贷款、校企合作收入、捐赠、基金收益等。其中高校收费改革遭遇到了学费水平的"瓶颈"，高校收费制度有待创新。要打破统一学费水平的制度安排，通过价格细分，实行差异性收费。在学费标准的制定中应综合考虑学校水平、学科专业性质、学校所在地区经济发达水平、学生家庭收入水平等变量，实现学生的学费水平与学生家庭支付能力、学生培养成本以及毕业后的预期收入成正比，尊重高等教育发展水平和经济发展水平的地区差异，扩大高校收费自主权。

第三，提高高校自身经费筹措能力，丰富高等教育经费多元化投入体系。要积极扩大对高等教育的非"政府"投入。例如，在核算生均成本的基础上，针对不同地区、不同专业、不同学校、不同收入水平的学生制定不同学费标准；在成功化解目前高校债务危机的基础上，可以考虑通过立法或其他措施进一步建立和完善我国高校长期低息贷款制度以及公开发行债券制度；高校应通过科研成果转化和专利技术转让，进一步吸引社会企业增加对高校的经费投入。发展并完善创业型大学理念，借鉴国外高等教育经费投入体制改革经验，在增加政府财政拨款和社会多种资金投入的同时，增强大学自身经费筹措能力。将改革高等教育经费投入体制作为国家综合改革的重要目标之一。为实现这一改革目标，以市场为核心的筹款管理、投资管理、产业经营等营销方略将成为我国大学自力更生，从"创收"走向"盈利"的重要选择。

（二）切实发挥拨款的政策导向作用

政府政策在我国高等教育的改革与发展中作用明显，这是中国高等教育的特色所在，是由我国长期以来所形成的高等教育管理体制所决定的。因此，在实现高等教育现代化的过程中，依然应该充分发挥政府政策的导向与保障作用。

当前要解决的主要问题是，如何在非竞争性经费拨款方面突出公平性，在竞争性拨款方面保持灵活性。为了能够最大限度地保障非竞争性经费拨款的公平性，实现区域高等教育的均衡发展，逐步建立和实施严格的生均拨款制度是必需的选择，即政府部门对高等教育的非竞争性经费拨款应在参照生均培养成本的基础上严格按照在校学生数量进行拨付。由于我国区域经济发展的不平衡，高等教育生均拨款制度的建立还有赖于高等教育财政转移支付制度。在竞争性经费的拨款方面，政府部门除加大投入力度外，还应在拨款的过程中尽可能淡化身份制度和行政级别，努力打造一个公平而高效的科研竞争环境，建立起完善的绩效拨款制度。为使政府政策资源发挥更大作用，应该进一步做到政策程序的合理性、政策面向的公平性、政策内容的科学性。为规避政策风险，预防政策失误，政策制定需要有合理依据并遵循科学程序。与经济格局一样，我国高等教育的体系内实际存在着丰富的多样性、层次性和差异性，政府应当秉持公平的原则，采取公正的立场，区别不同地区、不同层次、不同类型高校发展需要，做出资源配置上的科学决策。

（三）促进形成社会广泛支持的体系及机制

现代高等教育体系内部的许多问题本质上是社会问题的反映，因此现代高等教育的改革与发展离不开社会的理解与支持，这是实现高等教育现代化的重要社会资源。社会资源对高等教育的支持表现在多个方面，如社会捐资、通过产学合作的方式支持高校科研、通过共建实习实践基地参与高校的人才培养等。充分调动社会资源参与高等教育需要政府政策的支持，需要进一步制定与完善鼓励社会机构支持参与高等教育的相关法律法规。同时高校应与社会形成良性互动关系，合作共赢，构建包括政府与社会各类机构在内的有效高等教育社会支持体系。

三、促进中国高等教育的系统转型

21 世纪的前 30 年，中国高等教育体系经历了从精英向大众化阶段过渡，进而进入普及化阶段的历程。高等教育在这一历程中要经历脱胎换骨的变化，使同质化、封闭式的教育体系转型为多样化、开放性、协调性的教育体系。

（一）适应普及要求，提升服务经济社会多样化需要的能力

多年来，我国庞大的高等教育系统一直存在同质性强、内部创新要素发育不足以及服务经济社会多样化需要的能力有限等问题。知识经济社会对高等教育需求的增加带来高等教育功能的拓展，传统高等教育难以为继，必须进行系统转型。从东亚地区的经验看，学生的学习具有一定程度的"实用主义"色彩，在基础教育以升学为导向和高等教育以就业为导向的背景下，学生的学习动机与经济发展速度成正比，在经济腾飞阶段，经济快速增长能够提供较多、较好的就业岗位，大学生学习的积极性较高，因为毕业可以找到好工作，而经济发展进入平稳增长甚至停滞阶段，就业岗位减少，"好"的岗位远不能满足需要，学生的学习动机就会下降，厌学情绪上升。目前，我国经济发展已经由高速增长转变为平稳增长，需要高等教育的系统转型炒系统转型是从性质单一的传统高等教育体系转向内涵丰富的第三级教育系统，突破原有大学教育与职业培训、正规高等教育与非正规高等教育、全日制高等教育与非全日制高等教育的藩篱，改变狭窄固化的人才培养理念和制度，培育新的教育机构和组织形态，形成能使不同人才脱颖而出的培养环境和机制；系统转型是高等教育系统在自身与外部环境的互动中，根据社会发展形势与要求，遵循高等教育自身发展规律，实现系统的全面发展与进步，这种转型是渐进式的自身发展演变，而非外部力量强力推进下的断裂式变化。

经历系统转型的现代化高等教育体系，应该既符合国家和社会优先发展目标，又保障人民群众享有基本教育权利；既适应经济社会发展需要，又满足学习者多样性需求；既与基础教育、职业教育相连接，又体现终身学习理念，综合完善的第三

级教育体系。我们要从第三级教育系统的建设与完善上，统筹规划职业教育和普通教育、学校教育和终身学习、高端人才培养与大众普及教育等工作，提高教育系统的健康性，实现教育形式的多元化。

（二）促进多样发展，丰富包容性教育的学制体系内涵

高等学校多样化是高等教育现代化的必然要求。现代高等教育系统发展逐渐由同质化走向多样化、异质化。未来十几年，伴随世界一流大学和一流学科建设，普通本科院校更加突出与经济社会发展结合、应用型人才培养以及现代职业教育体系建设，我国将逐步形成以"双一流"为代表的研究型大学和以应用型高校为代表的地方性、行业型本科院校以及以示范性高职为代表的高等职业技术学院，以此为基础建立起中国特色的高等教育分类体系。明晰不同类型高等教育的层次结构、功能定位，突破人才培养的制度壁垒，打造一个同时注重应用性技能与学术创造性的第三级教育系统。以多样型人才培养体系取代将学术置于顶端、将技能置于底端的传统"金字塔形"教育体系。要完善我国高校合理定位的法规和政策体系，通过构建《普通高等学校分类标准》，完善《普通高等学校设置条例》，明确各类高等教育机构的定位，加强对不同类型高校的分类指导和管理。要破除传统的政府或单一学术视角的高校层次分类标准，形成综合政府、社会、高校、市场的多维视野，构建起类型与层次相互结合的多元高校分类框架。真正代表普及化时代高等教育的不仅仅是少数几所一流大学，而是一流多元的高等教育体系。在这一体系中，各类高校平衡发展，各展所长，办出特色，办出水平。既有世界一流的研究型大学，也有世界一流的应用型高校和高等职业技术学院。不同类型高校的学生都能受到公平、适切的教育，成长为合格人才、有用之才。适应和促进高等教育的办学形式、学习者的学习方式、高等教育机构的存在方式的深刻变化，在包容发展中推进多样化的高等教育，逐步形成以政府主办的公立高等教育与民办高等教育、中外合作办学、企业大学等共同包容发展的高等教育系统。为学生和社会各界提供更充分、更多样、更适切的学习机会。

（三）做好制度设计，维护协调性发展布局和开放性学制体系

高等教育现代化要求高等教育有序协调发展。这种协调包括多方面多重关系的协调。基于我国地域辽阔、人口众多、发展很不平衡的现实，积极推进区域高等教育的协调发展，不仅是教育问题，而且是经济问题和政治问题。高等教育布局既要考虑不同区域经济社会发展需要，又要尊重高等教育自身发展规律，统筹和平衡高

等教育规模、质量、公平与效益间的矛盾与张力，提高高等教育的聚集程度，建设世界级、全国性和区域化的高等教育中心。

开放性学制体系首先是推进高等教育体系内部的开放合作。以灵活的学习制度和教学管理制度为纽带，搭建起开放多元、便捷畅通的高等教育"立交桥"和终身学习平台。实现高等教育真正意义上的综合化，既促进校内学科专业交叉融合，又增强高校间的开放与合作，还要推进高等教育体系面向社会的开放合作。以国民教育体系为依托，充分发挥网络教育、自学考试等系统的平台作用，建立更加开放和多样化的继续教育体制框架，以企事业单位继续教育和岗位培训为重点，推进学习型组织建设。以在职学习提高为主体，促进职前教育与继续教育相互衔接，普通教育和职业教育相互沟通、有组织教育与自主学习相互补充，实现各类教育共同发展，资源共享，推进形成全民学习、终身学习的学习型社会。同时，要关注国内与国际高等教育的开放合作，搭建国际与国内高等教育交流合作网，提高高等教育的国际化水平与能力。

四、完善高等教育治理体系

实现高等教育现代化，需要在既往改革的基础上，不断探索适应我国国情、符合世界潮流、能够推动现代化进程的制度、体制与机制。完善高等教育治理体系，实现高等教育治理能力现代化，依法治教，理顺中央政府与地方政府、高校与政府之间的关系，进一步扩大与落实高校办学自主权，完善中国特色现代大学制度建设。

（一）推进两级管理三级办学制度

明确划分中央与地方政府管理高等教育的权限，逐步完善"省级统筹"的高等教育管理制度。虽然我国确立了统一领导分级管理的高等教育体制，但各种法规只对中央和地方的管理权限做了笼统的划分，许多方面缺乏明确具体的规定，导致高等教育管理往往会出现主、次要角色偏离和权限范围内、外的角色偏离等问题。故应经济体制改革的走向，适应建立条块有机结合的新型高等教育管理体制的需要，高等教育管理体制改革和布局结构调整需采取以宏观指导下的省级政府统筹为主的原则，把中央部委属高校与地方高校的改革与调整有机结合起来，在管理体制的变化中实现高等教育资源的优化调整。地方在规划和实施本地区范围高校改革与调整时，要主动统筹考虑本地区范围内包括部委属高校在内的所有高校，有关部门则应密切配合。

　　"完善以省级政府为主管理高等教育的体制"是《国家中长期教育改革和发展规划纲要（2010—2020 年）》提出的明确目标，也是我国具体国情的必然要求。我国作为一个发展中的大国，基本特征就是各省、市、自治区之间经济社会发展很不平衡。中央政府在许多具体的高等教育管理方面难以制定并实施"一刀切"式的全国性政策。因而，在完善高等教育管理体制的改革过程中，不仅要发挥中央层面的宏观调控作用，还需要突出省级政府的区域统筹作用，做到权责一致、权力均衡、统筹和决策相统一等。

（二）进一步理顺高校与政府、社会的关系

　　继续推进政府放权、学术事务去行政化，使高校真正成为面向社会、面向市场自主办学的法人实体。政府与高校的关系是我国高等教育改革与发展的核心问题，政府是（公办）高校的举办者和管理者，高校是具体的办学者，是高等教育活动的关键角色，具有核心地位。因此，高等教育管理制度改革的目标之一应是理顺政府教育管理职能，构建政府与高校的新型关系，切实扩大高校办学自主权，推动高校学术工作去行政化。中华人民共和国成立 70 多年来，随着中国社会经济的历史性转变，政府与高校关系的发展经历了一个由政府计划到政府监督、政府协调的过程，微观控制转变为宏观监督与协调管理，中央集权转变为分权和放权，按计划办学转变为自主办学。在这个进程中，政府引领和推动着高校的改革、发展，高校自身也在发生深刻的变革，只是不同类型、不同层次的高校变革程度不同。"政府有限干预、高校自主办学"应该成为构建政府与高校新型关系的主要目标。政府必须转变教育管理职能，认识并尊重高校区别于其他机构尤其是行政机构的特性，改变直接行政干预的单一方式，履行政策引导、统筹规划、监督管理和公共财政投入等多方面的职责；高校则要面对政府与社会问责，自主办学，接受质量和绩效评估。

　　高等教育现代化是国家强盛、社会繁荣、学术发达的重要表征。我们要从实现中华民族伟大复兴的历史高度和建设人力资源强国的战略全局出发，用开放的态度、国际的视野、创新的思维、认真扎实的行动，为中国高等教育的现代化目标实现贡献力量。

第二节　推进高等教育治理现代化

一、现代大学制度建设决定高等教育改革发展的成败

建立健全中国特色的现代大学制度，直接影响着我国高等教育改革发展的成功与否。建设现代大学制度的重要前提是牢固树立依法治校观念，依法定好位，依法有序推进改革发展。我国已经建立了比较完整的教育法律制度，特别是新修订的《高等教育法》等的公布，使得依法治教办学的基础更加厚实。我国最根本的法规制度安排，是党对高校的领导，高校要培养中国特色社会主义事业的合格建设者和可靠接班人。现代大学制度就是为适应中国国情和时代要求，建设依法办学、自主管理、民主监督、社会参与的大学制度体系。形成政府宏观管理指导、大学依法自主办学、市场竞争配置、社会第三方评价支持的共主体的高等教育治理体系。建立现代大学制度主要包括两个方面的内容：一是完善大学的外部治理结构，建立政府、学校、社会之间的法权边界。在遵循高等教育办学规律的基础上，依法扩大和落实大学自主办学权，明确和规范政府管理权限和职责，引导市场适度调节，促进社会有效参与和监督。二是依照现代大学内部的逻辑，理顺内部治理利益相关者的关系。完善党委领导、校长负责、教授治学、民主管理的内部治理体系，充分激活大学的创新活力，将加快我国高等教育现代化步伐，并促进一批大学和学科向世界一流水平迈进。经验表明，一些发达国家大学之所以能够成为世界一流大学并且长盛不衰，关键在于建立了与本国国情相符、科学合理的、动态调整的大学制度。当前我国大学正处于从高等教育大国向高等教育强国转型和改革深化的关键期，大学面临着越来越复杂的外部环境和内部利益结构，只有建立健全现代大学制度，通过完整规范的制度建设不断理顾和完善大学的各种关系，才能使大学保持旺盛的生命力，推动大学健康、有序、创新、和谐发展。换言之，要使我国大学更好地发挥社会主义制度优势，实现建设创新型国家等战略目标，就要求进一步转变治理理念、深化高等教育体制改革，探索建设符合高等教育内外规律的中国特色现代大学制度。

二、落实管、办、评分离是现代大学治理的必然趋势

推进教育治理体系和治理能力现代化，就是要适应国家治理体系和治理能力建

设，根据教育发展的自身规律和教育现代化的基本要求，以构建政府、学校、社会新型关系为核心，以推进管、办、评分离为基本要求，以转变政府职能为突破口，依法建立系统完备、科学规范、运行有效的制度体系，更好地调动中央和地方两个积极性，更好地激发每所学校的活力，更好地发挥全社会的作用。政府宏观管理，就是要转变职能简政放权、创新方式，把该放的权放掉，把该管的事管好，做到不缺位、不越位、不错位。学校自主办学，就是要依法落实学校办学主体地位，明确权利责任，自我管理、自我约束、自我发展。社会广泛参与，就是教育质量要接受社会评价、教育成果要接受社会检验、教育决策要接受社会监督，最大限度地吸引社会资源进入教育领域。政府、学校、社会，管、办、评三者之间，权责边界既应当是清晰的，又一定是相对的，既相互制约又相互支持，由此形成现代教育治理体系，不断提升现代教育治理能力。管、办、评分离的最终目的在于形成管、办、评三个主要体制制度，即依法办学、自主管理、民主监督、社会参与的现代学校制度；政事分开、权责明确、统筹协调、规范有序的教育管理体制；科学、规范、公正的教育评价制度。推进教育管、办、评分离有赖主体自觉和角色的科学分工。政府是教育政策和规划标准等的制定者、教育资源分配者、教育评价监督者，在教育治理模式的构建过程中发挥着导向和建构的作用。政府对教育治理规律和现状的认识与理解，对政府、学校、社会三者之间职能的界定等，将直接影响到治理模式的构建及最终形态。推进教育管、办、评分离，首要在于变革管理理念，并切实转变政府职能，改善监管方式，由传统管理走向现代治理。应着力改变原有自上而下高度集权的管理模式，建立利益相关者广泛参与的治理体系；建立并完善高校法人制度，落实好法人地位，真正把教育改革发展的任务落实到学校第一线，解放一切对学校不该有的束缚。同时，在学校内部建立起科学合理的制度体系，使学校内部治理机制趋于完善，既能自主又善自律。管、办、评中的"评"不是只是强化行政评价，而是在多元评价体系中弱化行政直接评价，突出权威专业机构和社会组织参与评价，既包括社会"评管"，也包括社会"评办"。政府要善于运用有权威、信度高的评估结果，加强宏观调控和政策引导。

三、在落实政府"放管服"中彰显大学办学主体性

"放管服"已成为我国政府治理国家和现代社会的重要理念。在高等教育领域落实"放管服"，是对实施管、办、评分离的深化，要求在彰显大学办学主体性或自主性的同时，更强调各级政府工作人员应增强服务意识和能力。政府应与社会、

学校合理分权，明确制定分权清单，着力把控好对教育事业发展起决定作用的重要事项的决策权和调控权尊树立"有限政府"理念，把原先越权承担的某些责任转移给学校和社会，进一步深化教育行政审批制度改革，完全取消非行政许可审批；减少对学校办学行为的行政干预，综合运用法律政策、规划、财政拨款、标准、信息服务和必要的行政措施，引导和督促学校规范办学；推行清单管理方式，建立教育行政权力清单和责任清单制度，通过政府公报、政府网站等便于公众知晓的方式，向社会全面公开教育及相关政府部门职能、法律依据、实施主体、职责权限、管理流程、监督方式等事项，为公民、法人或者其他组织提供优质服务，让权力在阳光下运行。在有条件的地方和学校开展负面清单管理试点，清单之外的事项学校可自主施行，要尽量缩减负面清单事项的范围，更多采取事中、事后监管方式。出台国家教育标准审定办法，健全教育标准制定和审查机制，提高教育标准的权威性、适切性，形成具有国际视野、富有中国特色的分层、分类教育标准体系。

四、加快改革和完善大学内部治理结构

政府放权力度越大，对大学自身的治理结构和治理能力的要求就越高，现代大学制度建设的核心之一就是大学的内部治理结构问题，改革和完善我国大学内部治理结构是完善中国特色现代大学制度的关键。从功能上来讲，大学内部治理结构是要建立一种以共同理想为纽带、以各种权力和谐协调为基础的内部决策结构和垂直治理结构，避免决策权处于高度集中和过度紧张的状态，从而最大限度地释放大学的教育生产力、学术创造力与思想磁场力。从水平的权力结构来看，我国大学内部决策的权力要素包括以党委为领导的政治权力、以校长为首的行政权力、以学术委员会为主的学术权力、以教代会和职代会为主的民主权利；从垂直的治理结构来看，一校一院一基层学术组织是我国大学组织结构的基本选择，从直线型走向扁平化的管理是我国大学院校关系的基本走向。我国大学权力结构总体还处于政治权力、行政权力占主导的局面，学术权力和学生权利在很多大学没有发挥出其应有的作用。在简政放权的现实背景下，学校以及学校的二级学院的自主权进一步扩大，但学校与其二级学院的自我约束与监督机制也不够到位。应从调整现行的权力结构着手，建立新的政治权力、行政权力、学术权力和民主权力之间的平衡和谐关系。公办大学在坚持和完善党委领导下的校长负责制的基本原则下，应健全议事规则与决策程序，依法落实党委、校长职权；充分发挥学术委员会在学科建设、学术评价、学术发展中的重要作用。在规范政治权力、行政权力的同时尊重学术权力，强化教师参

与治理的意识，赋予教师在学术上和校内治理上更多的话语权，探索教授治学的有效途径，充分发挥教授在教学、学术研究和学校管理中的作用；加强教职工代表大会等建设，发挥群众团体的作用。推动大学治理从直线型向扁平化发展、从科层制向事业部制的转变，完善大学及其二级学院自主权的自我约束与监督机制。加强大学内二级学院的权力运行监督与约束，尽快建立学校与学院的权力清单制度，完善二级教代会制度，整合和进一步发挥二级学术委员会的作用。

五、推进大学章程建设是健全现代大学制度的基础和标志

依法制定和实施大学章程，是现代大学的基本要素，是建立现代大学制度及落实大学法人地位的标志和基础。在我国，大学章程建设称得上是一项开创性工作。目前，全国本科高校章程起草与核准工作已基本完成，公办专科层次高校的章程起草与核准也在有序推进，实现一校一章程指日可待。制定一部高质量的章程不易，执行和实施章程更难、更重要。章程的尊严和生命力在于遵行。高校章程经过政府核准，成为规范双方权利义务关系的文本依据。高校的举办者、主管教育行政部门应当按照政校分开、管办分离的原则，以章程明确界定与学校的关系，明确学校的办学方向与发展原则，落实举办者权利、义务，保障学校的办学自主权。高校则应当按照高等教育法的规定，围绕人才培养、科学研究、服务社会、文化传承创新、国际交流合作等任务，通过章程健全学校办学自主权的行使与监督机制，明确学校内部治理结构，包括内部决策机构、行政机构、学术机构的设定，机构间的运作程序，各机构及重要岗位的职责、义务等。在章程执行过程中，要将众多的教育利益主体包含在执行主体中；对所涉及执行主体的权责进行详尽的规定，并在此基础上形成明确而协调的大学内部治理结构；激发高校组织执行文化的内生力，将来自行政力量的制度规约最终转化为执行文化塑造，推进依法照章治校进程。章程的实施情况，是体现高校治理水平和执行力的重要标志。应建立章程实施的评估和监督机制，把章程实施情况纳入对高校评估的内容和对学校领导考核评价的内容，并通过专项评估、第三方评估等，推进高校以章程建设为核心完善制度体系，形成依法依章自主办学的格局。

六、大学校长管理专业化是提升学校治理水平的重要途径

在我国现行高等教育的治理体系中，大学校长是大学组织的法人，既是大学组织与政府、社会联系的重要桥梁，也是党委决策与行政执行的重要纽带；既是党委

决策的重要提案者，也是行政执行的组织者；既是行政系统与学术系统交互的重要结合点，也是市场竞争中的参与者。可以说，校长是大学治理中连接各种关系和主体的核心行动者，科学定位大学校长的角色和职能，在很大程度上关系着中国特色现代大学制度的成效。推进校长管理的专业化，是在日益复杂和多元的治理结构体系中充分发挥校长角色和功能的重要途径。如何按照大学书记、校长应成为教育家和政治家的要求选拔和管理校长，如何有效地提升大学校长的治理能力，都在呼唤推进校长管理的专业化进程。提升大学校长管理水平的专业化，让校长有治校的动力，保障校长应有的权力，促进校长不断提高治校的能力，这需要政府提供有效的制度安排。要让教职工，特别是教授们在选拔任用校长时有更多发言权。政府需要转变用人理念，改变简单套用党政干部的方式和思维来任命和管理大学校长，而应该认真思考如何让校长承担起高校治理中应有的责任，确保校长有依法依章治校的权力，推动校长不断提升自身治校的能力。应把校长视为一种职业，而不是行政级别色彩很浓重的职务，校长能够形成在一定意义上具有竞争性的职场，更好地为治理绩效负责，并建立起与校长自身的能力、素质和治校绩效相符的薪酬体系。对于大学校长自身来说，应该充分地认识到，在日益复杂的大学治理中，只有全身心地投入到大学治理中来，把大学治理视为"能专心的事业、有专长的从业、成专门的职业"，不断提升自身的专业化水平，把高校治理作为一种具有专业性、学科性和科学性的对象进行研究和实践，才能在推动大学治理现代化进程中发挥"一校之长"的特殊作用。

七、党的领导是中国特色现代高等教育治理的核心体现

世界一流高等教育的发展过程，既不是发展指标简单的一一对应，更不是对其他国家高等教育体制的简单复制和模仿。中国的独特历史、独特文化、独特国情，决定在中国建设现代高等教育的过程中既要符合高等教育的一般规律，又要走自己的高等教育发展道路，坚持中国特色的办学制度。中国特色现代大学制度，最核心、最鲜明的体现就是党的领导。众所周知，中国是社会主义国家，中国共产党是社会主义各项事业的领导核心，中国共产党的领导是中国特色社会主义制度的本质体现，加强中国共产党的领导同样是发展中国特色现代高等教育的根本保证。办好中国特色社会主义高等教育，必须坚持以马克思主义为指导，坚持正确政治方向，全面贯彻党的教育方针，使高校成为坚持党的领导的坚强阵地。要在党的领导下，强化思想引领，牢牢把握高校意识形态工作的领导权，按照社会主义本质要求，更好地落

实立德树人的根本任务,把培育和践行社会主义核心价值观融入教书育人的全过程,培养出全面发展的新人,肩负起培养社会主义事业的建设者和接班人的重大政治任务。为切实加强党对高校领导,经过长期实践探索,我国已找到并确立了适合我国国情、教情的高校领导体制,那就是党委领导下的校长负责制。国情和实践已经并将进一步证明:党委领导下的校长负责制,就是我国高校的根本领导制度和工作制度,是中国特色现代大学制度的核心,是不断推进高校治理体系和治理能力现代化的体制保障。由此,高校党委的职责更清晰:对学校工作实行全面领导,承担管党治党、办学治校主体责任,把方向、管大局、做决策、保落实。同时,要加强高校党的基层组织建设,发挥好院系党组织的政治核心作用,创新基层党建的结构和功能,改进工作机制和方式,提高做思想政治工作的能力,使每个师生党员做到在党言党、在党为党,保证监督党的路线方针政策及上级党组织决定贯彻落实。坚持和加强党的领导,就得从严治党,不断完善党对高校领导的体制机制,切实提高党领导高校改革发展的能力和水平。

参考文献

[1] 刘宇，虞鑫，许弘智，等."双创"背景下创新教育的实践、效果与机制研究 [J]. 现代教育技术，2015，25（11）：106-112.

[2] 陈从军，姚健. 双创背景下高校辅导员工作的思考与探索 [J]. 科技创业月刊，2016，29（13）：64-65.

[3] 刘国余. 会计双语课程柔性教学模式探析 [J]. 商业会计，2016（24）：119-121.

[4] 杨思林，王大伟，唐丽琼，等."双创"背景下高校课程考试改革的思考 [J]. 教育教学论坛，2016（46）：77-78.

[5] 许彩霞. 创新创业背景下应用型高校人力资源管理专业实践教学体系改革研究 [J]. 鸡西大学学报，2016，16（4）：23-26.

[6] 马一铭. 大学生自主创业的困境与对策分析 [D]. 西安：西安理工大学，2015.

[7] 黄杰."许昌模式"背景下大学生创新创业教育模式探索 [J]. 决策探索，2016（18）：38-39.

[8] 孙海英."双创"背景下文科大学生创业现状、机遇及对策分析 [J]. 成都航空职业技术学院学报，2016，32（4）：15-18，22.

[9] 张格，高尚荣. 以高职生学习动力机制为导向的高职教育教学改革 [J]. 江苏科技信息，2016（34）：37-39.

[10] 吴颖珊. 高校教育教学改革的动力机制探讨 [J]. 重庆科技学院学报（社会科学版），2012（1）：165-167.

[11] 曹月盈. 高校计算机基础教育创新教学模式探究：评《高校计算机教育教学创新研究》[J]. 教育评论，2017（5）：166.

[12] 荆媛，唐文鹏. 新时代下高校思想政治教育教学方法创新研究：以主旋律歌曲为视角 [J]. 中北大学学报（社会科学版），2017，33（1）：65-68.

[13] 周湘林. 以学生学习为核心的高校教师教学评价方法创新研究 [J]. 现代大学教育，2017（1）：93-97.

[14] 华宝元. 教育管理学四大范畴视角下高校体育教学管理创新研究 [J]. 广州体育学院学报，2017，37（1）：107-109.

[15] 李小兵. 互联网媒体视角下高校体育教学创新研究 [J]. 赤子（下旬），2017（1）：4.

[16] 吴小川.高校音乐教育教学模式的创新研究[J].魅力中国，2017（1）：185.

[17] 王天恒.从毕业生质量追踪探究高等学校本科教学改革[D].成都：西南交通大学，2007.

[18] 王淼.我国高校教育改革模式研究[J].教育现代化，2016，3（27）：284-285+288.

[19] 苗峰.高校课堂教学管理现状及对策研究[J].兰州教育学院学报，2015，31（8）：96-97.

[20] 李友良，何勇.高校教学管理信息化的现状及对策[J].教育与职业，2013（35）：43-44.

[21] 柳亮.高校教学管理人员继续教育现状及对策[J].继续教育研究，2010（2）：11-12.

[22] 王廷璇.浅析高校教学管理现状及改革对策[J].新西部（下旬·理论版），2011（5）：146-172.